「麻疹後の養生」（歌川芳虎画、国際日本文化研究センター所蔵（宗田文庫））

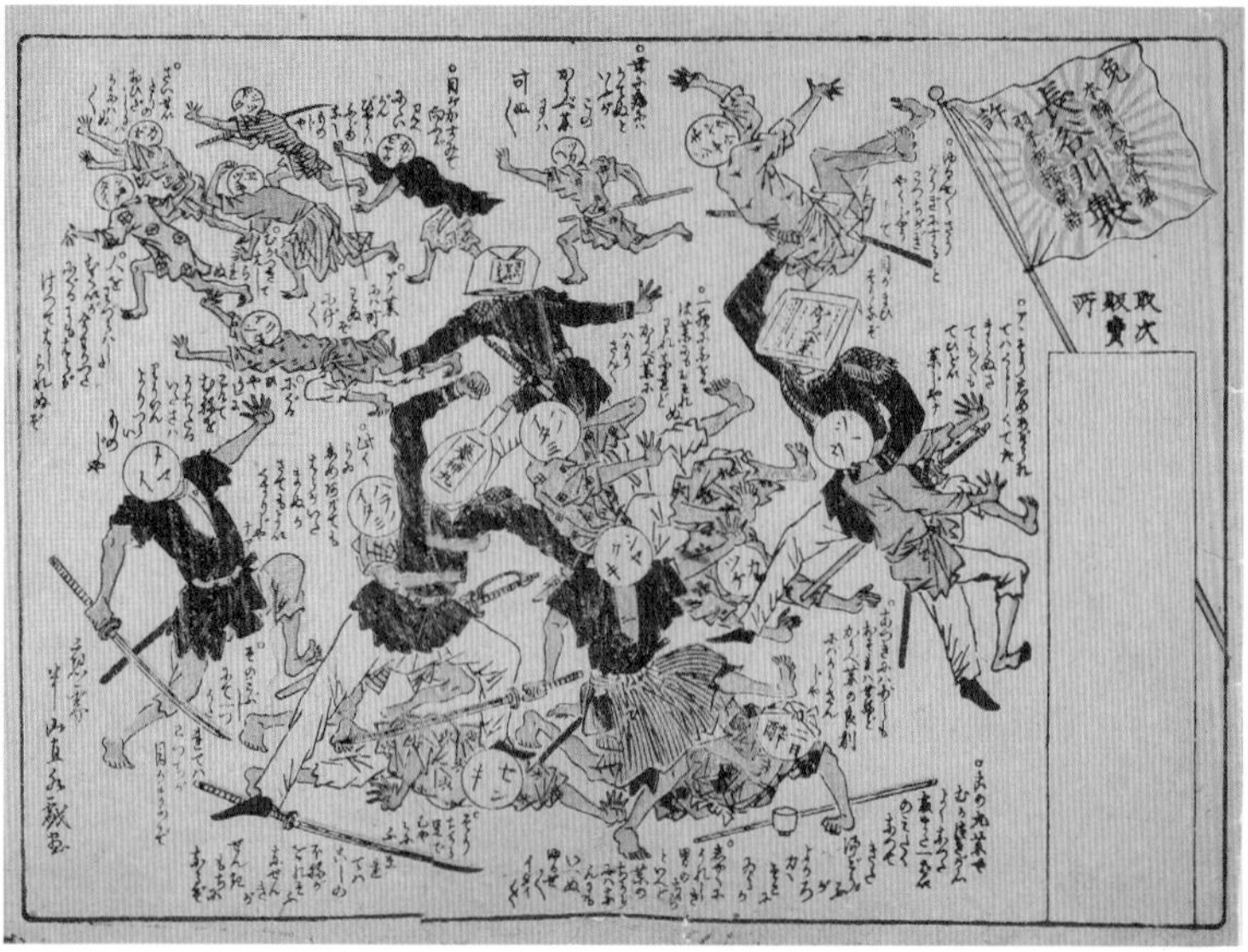

売薬類の引札「養神丸・からべ薬」（半山直水［松川半山］画、国際日本文化研究センター所蔵（宗田文庫））

「雷鳴遠近図画」（国際日本文化研究センター所蔵）

『百物語ばけもの双六』の「まら」（湯本豪一記念日本妖怪博物館［三次もののけミュージアム］所蔵）

しねり弁天たたき地蔵まつり（魚沼市）の巨大な男根のご神体

「風流大人形之内　一つ家」（芳晴、安政 3［1856］年 4 月、公益財団法人東洋文庫所蔵）

「父母の恩を知る図」（永島辰五郎［歌川芳虎］画、明治 13［1880］年、江戸・山村金三郎出版、国際日本文化研究センター所蔵））

# 狙われた身体

## 病いと妖怪とジェンダー

安井眞奈美

平凡社

目次

編集協力　宮古地人協会

# はじめに

二〇二〇年、新型コロナウイルス感染症は世界中に広がり、感染防止は「見えない敵との戦い」と表現されてきた。ウイルス、また細菌が発見される以前は、病気の原因である「見えない敵」はさまざまにイメージされ、ときには悪霊や妖怪などの仕業とされることもあった。敵を具体的にイメージすれば、撃退する方法も探しやすかったからだろう。では人間の身体を狙ってくる敵は、どのような攻撃をしかけてくると想像されていたのだろうか。

この問いについて、筆者はかつて、民俗学が蓄積してきた資料をもとに、身体のどの部分が悪霊や妖怪に狙われやすいと感じられていたのかを分析したことがある。[*1] 狙われたのは頭か、心臓か、いや目か鼻か。また、なぜこれらの身体部位が狙われやすいとみなされてきたのか。このような点に注目して資料を読み解けば、妖怪を創り出し、その存在を受けとめてきた人々の身体観を浮かび上がらせることができる――そのように考えた。

柳田國男は『遠野物語』のなかで、「黄昏《タソガレ》に女や子共《コドモ》の家の外に出て居る者はよく神隠しにあふことは他《ヨソ》の国々と同じ」と、女性や子どもが神隠しに遭いやすいことを記している。[*2]神隠し――何者かにさらわれたり、襲われたりして姿を消すことは、女性や子どもに起きやすかったという。つまり、女性や子どもという社会的に弱い立場にあるものが、狙われやすいということになる。また女性が、社会の中で劣位におかれたマイノリティであるということが、妖怪になる女性の伝承を生み出してきたという点も、これまでの研究で指摘されてきた。このように妖怪、怪異と身体の関係を考えるうえで、ジェンダーの問題は避けて通ることができない。

現代、妖怪といえば、多くの人々はかわいい容姿をともなったキャラクターを思い浮かべる。そのため「妖怪」という言葉を用いて、妖しくて不思議な現象や、ものを論じることは難しくなっている。京極夏彦は、「「妖怪的なモノゴト」を取り扱う者は、決して過去の記述を近代的な「妖怪」観で読み解いてはならないだろう。そうした行為は簡単に過去を改竄《かいざん》してしまうからである。鬼は鬼として、怨霊は怨霊として捉えるべきものである」と警鐘を鳴らす。[*3]

小松和彦は、神や妖怪は「不思議」の説明のために存在しており、とくに「災厄・不幸」の説明に利用されてきたのが妖怪たちであったと指摘する。[*4]また伊藤龍平は、「妖怪」を「身体感覚の違和感のメタファー」という絶妙な言葉で定義している。[*5]これらを踏まえて本書では、妖怪に「狙われた身体」の伝承を、身体に「不思議な現象」が生じたときの説明と対処の方法であると読み直し、以下のような点を明らかにしていく。疫病や痛みは、近世から近代にかけてどのように可視化され、対処されてきたのか。狙われやすい身体部位と、それに伴って生じる腹痛や頭痛などの痛みは、いかなる身体感覚として捉えられていたのか。また一九三〇年代に、「狙われた身体」として好んで語られた、女性器を襲ったものの正体は何であったのか。さらに女性は狙われるだけではなく、女性が狙う物語も数多く存在するが、その中で女性はどのように表象されたのか。近世に数多く描かれた「妖怪」の身体に性差はあるのか、あるとすれば性差はいかに表現されてきたのか。万病に効く薬として狙われた胎児の伝承とそのイメージは、習俗と医学、そしてエンターテインメントの狭間でいかに変容してきたのか。とくに胎児と妊婦の身体は、どのように描かれてきたのか。

本書ではこれらの点を、「狙われた身体」という視座を用いて分析し、過去の人々の身体観を浮かび上がらせていく。最後に、「狙われた身体」の伝承の背後に存在する暴力について、また「狙われた身体」の処し方についても考えてみたい。

# 第一章

# 「見えない敵」を可視化する

## 「見えない敵」と戦う

二〇二〇年以降、新型コロナウイルス感染症の猛威が大きな問題となった。二〇二一年六月二二日の累計では、日本の感染者数は七八・八万人、死亡者数一四万四五一人、世界の感染者数は一・七九億人、死亡者数三八九万人となっている。[*1] 各国のリーダーのなかには、新型コロナウイルス感染症を「戦争」に喩えて対策を講じた者もいる。アメリカのトランプ前大統領は戦争に打ち勝つ強い為政者を誇示し、途中から新型コロナウイルスを「チャイナ・ウイルス」や「武漢ウイルス」と呼んで、あからさまに中国を「敵」とみなすようになった。その後はＷＨＯが情報を出し渋ったため感染拡大が生じたと主張し、「敵」はＷＨＯという国際機関にまで及んだ。本来、打ち負かすべき「敵」は新型コロナウイルスそのものであるはずだが、目に見えないウイルスよりも、国際政治上のわかりやすい「敵」が標的となった。

「戦争」または「戦い」の比喩は、海外に限らず日本国内でも見られた。最初の緊急事態宣言が解除された二〇二〇年五月、都道府県のホームページには、「このたびの戦いは、姿の見えないウイルスとの戦い」（奈良県）との表現が用いられたところもあった。[*2] この

「姿の見えないウイルスとの戦い」が大変な難事である。目の前から襲ってくる敵であれば逃げようもあるし、また攻撃もできる。たとえ見えなくとも、大きな音がしたり、匂いが立ち込めたり、人間の五感——視覚、聴覚、嗅覚、味覚、触覚で感じることができれば、その襲来に気づくこともできるだろう。しかしウイルスを感知することはできないので、「三密を避ける」「マスクをする」「手をよく洗う」といった飛沫感染を防ぐ具体的な対処法が示されてきた。最も効果的な方法は人に会わないことであるため、世界各地で外出を禁止するロックダウンが行われた。

「見えない敵」と比喩されつつも、新型コロナウイルスは早い段階から可視化されてきた。連日のニュースでは、最初に必ず新型コロナウイルスの拡大写真が映し出された。黒い丸のまわりに、ギザギザの突起物がついた米国立アレルギー感染症研究所の写真である。ニュースとともにこの映像が流されたので、目に焼き付いてしまった人も多いかもしれない。見えない敵を可視化することには一定の効果がある。向かうべき対象がはっきりし、対応策を考えることができるからだ。

電子顕微鏡によってウイルスが可視化される以前、ウイルスはその存在すら知られていなかった。ペスト（黒死病）が一四〜一五世紀のヨーロッパを襲ったとき、人々はおびただしい数の死体によって、感染の拡大を知ることとなった。ペストは、クマネズミ（*Rattus*

*rattus*）などの齧歯類《げっしるい》の疫病であり、これらの小動物に寄生する各種のノミが、人体にペスト菌（*Pasteurella pestis*）をうつすことに起因する。[*3] ペストが流行して一時的に終焉しても、それがまた新たなペスト禍のはじまりとなるような執拗な繰り返しが、ペストの恐ろしさであった。[*4]

ジョルジュ・ヴィガレロの『清潔《きれい》になる〈私〉』によると、人々はペストや梅毒が伝染する際に、水がその媒体の役割を果たすと考えた。[*5] それを機に、人間と水の関係は変わってしまったという。その後の大きな転機は一八七〇〜八〇年以降、パストゥールの細菌学により、水は細菌を「除去」してくれることがわかってからである。[*6]

細菌は肉眼で見ることができないため、この微小な存在が、身体のあらゆる防御を突破できるが如き「目に見えぬ怪物」となった。ヴィガレロは、「ある日、突然あらわれ、劇的な結果を生む感染症は、どこにでも出没する妖怪役を演じることになった」と指摘している。[*7]「妖怪」もしくは「怪物」という言葉によって表現せざるを得ないほど、感染症は得体の知れないものであった。一方、無菌状態が理想的とされ、清潔でいるとは、なによりもまずバクテリア、原生動物、ウイルスを追放することとされた。その後、独自の身体の抵抗力で、細菌の侵略に抵抗し得ることが解明されると、一九世紀末には感染症に対する闘いは「白血球とバクテリアとの闘争」へと変わった。[*8] ここでも、用いられる比喩は

「闘争」であった。

## 疫病を追い払う

では日本での感染症との闘いはいかなるものだったのだろうか。また、「敵」はどのように可視化されてきたのだろうか。富士川游は『日本疾病史』（一九一二年初版）において、「疫病」を「一定の時期に、同様の性状をもって、国民の多数を侵すもの」と定義し、痘《とう》瘡《そう》、水痘、麻《ま》疹《しん》（はしか）、風疹、虎列剌（コレラ）、流行性感冒、腸窒扶斯（腸チフス）、赤痢を挙げて解説している。[*9]

その中で、人に感染するウイルスの、唯一根絶された疱瘡《ほうそう》（痘瘡と同意）、つまり天然痘について見てみたい。天然痘対策は、イギリスのエドワード・ジェンナーが牛痘種痘を論文で発表した、そのわずか三年後の一八〇一年までに、イギリスでは一〇万人以上が接種し、実用化されるようになった。しかし牛痘種痘が長崎にもたらされるのは嘉永二（一八四九）年であり、さらに普及するのはそれ以降をまたなければならなかった。[*10] イギリスと日本の牛痘種痘の事業化には約半世紀の時差があるが、香西豊子は、だからといって日本列島での疱瘡への対処のしかたが遅れていたわけではないことを分析している。つまり近世日本では疱瘡にたいし、じつに多様な処し方が編みだされていたため、この習俗および医学における実践の厚みが、あらたな疱瘡対策をもとめる需要を封じていた、というのである。[*11] 多様な処し方とは、いまだ疱瘡をすませていない土地の領主やその後継者に、疱瘡の罹患者およびその親族が近接するのを禁止・制限する「遠慮」、疱瘡患者を遠隔地の仮小屋に収容する「送棄《おくりす》て」、そして、未罹患者のほうが患者の発生した場所から逃げる「逃散《ちょうざん》」などの習俗である。[*12]

一方、都市部では、人々は疱瘡にかかった子どもを大勢で見舞ったり、宴会を設けて騒いだり、疱瘡に罹患する機会をあえて生み出すような習俗も見られた。疱瘡は、一度かかればその後一生かからないため、通過儀礼として子どもがかかっておく病気とみなされた。また人々は、「疱瘡守護神」の掛け軸を飾って、疱瘡の感染から身を守ってくれるよう祈願したり、その一方で疱瘡の疫病神を追い払うための儀礼を行ったりした。[*13] ハルトムート・オ・ローテルムンドは、疱瘡神はいったい疱瘡をもたらす悪神なのか、疱瘡患者を守る善神なのか、人々が疱瘡神に寄せる信仰の内容には、あまりにも多くの矛盾があると指摘している。[*14] 疱瘡神は恐ろしい存在であるから、それがいったん家の中に入り込んだらもうあきらめて、神の膳を作って饗応しなければならないと信じられていたことが、[*15]「矛盾」の要因の一つかもしれない。

近世において、疫病神を追い払うための儀礼は、藁などで人形を作り、鉦太鼓《かねたいこ》を鳴らしながら町や村の外に送り出すというのが一般的な形態であった。しかし疱瘡神祭りは、多くの場合、疱瘡の罹患後に行われている。つまり疱瘡神祭りは、疱瘡にかからないようにするためではなく、疱瘡を軽く済ませるための儀礼であったと香川雅信は分析している。[16]

疱瘡の見舞いに赤一色の、紅摺《べにずり》の絵を贈ることが、近世末期から明治初期にかけて流行した。香川によると、その絵柄は大きく二種類あり、一つは疱瘡神を撃退する英雄や神の像で、大半は鍾馗《しょうき》や源為朝を描いたものであった。鍾馗は疫病を払う中国の神で、室町時代以降、日本でも信仰されるようになった（図1－1）。源為朝は保元の乱ののち伊豆大島に流された武将で、伊豆諸島、八丈島に数多くの英雄伝説が残る。またもう一つの絵柄は、縁起のよさ、遊戯と健康、軽さといった、祝祭的な性格や病気の治癒を表現するモチーフを描いたも

図1－1　赤一色で描かれた鍾馗の赤絵（一光斎（歌川）芳盛画　安政4［1857］年、内藤記念くすり博物館蔵）

図１－２「麻疹後の養生」（歌川芳虎画、国際日本文化研究センター所蔵（宗田文庫））

のであり、[17] その中でも達磨、ミミズク、犬張子などの玩具や、獅子舞、角兵衛獅子などの芸能者、桃太郎、金太郎、浦島太郎などのお伽話の登場人物といった、子どもの遊びや楽しみと関係したものが多数を占めていたという。[18]

また麻疹は、江戸時代を通じて慶長一二（一六〇七）年から文久二（一八六二）年の間に十数年から二〇年の間隔で一四回流行し、とくに文久二年には大流行した。このとき、養生書や一枚物の色鮮やかな「はしか絵」（錦絵）を通じて、入浴、房事（性交）、音曲、酒などが、病中そして病後も「後養生《あとようじょう》」として四九日間、時には一〇〇日間禁じられた。[19] 鈴木則子は「はしか絵」について、「高度に発達した幕末の江戸の出版文化によって、大衆化された医学的知が安価に大量に商品化され、巨大都市江戸独自の麻疹世界の形成が促進された」と指摘している。[20]また突然の腹痛と嘔吐、下痢で、発病から三日でなくなる「三日コロリ」と呼ばれるコレラも大流行し、安政五（一八五八）年に江戸だけで三万から四万人の死者が、文久二（一八六二）年には麻疹の大流行と重なって、これも江戸だけで二三万人以上が亡くなったという。[21]

図1-2のはしか絵「麻疹後の養生」（歌川芳虎《よしとら》画）は、鍾馗と源為朝がコレラやはしかを退治している絵で、まさに戦うべき敵の可視化といえる。一八六二年、歌川芳《よし》艶《つや》の錦絵「はしかのまもり」には、赤い大きな達磨の巨大さに腰を抜かした金柑と、飼い葉桶と麦の穂が描かれている（図1-3）。馬の飼い葉桶は、頭に被《かぶ》ると麻疹除けになるとのまじ

図1-3「はしかのまもり」（歌川芳艶画、文久2［1862］年、国際日本文化研究センター所蔵（宗田文庫））

ないに用いられた。詞書《ことばがき》によると、麻疹除けに門口《かどぐち》におく一品として、「たらし（多羅樹）の葉　但しあを木の如じ、むぎのほ（麦の穂）、きんかん（金柑）、ひいら木（柊）の葉」が挙げられている。多羅葉《たらよう》はモチノキ科の常緑高木で、楕円形の大きな葉の裏面に文字を書けば、消えずに残るという特徴がある。錦絵の「はしかのまもり」の文字も多羅葉の葉に描かれている、という趣向である。これらの絵には麻疹という「敵」こそ描かれていないものの、麻疹除けのまじないに用いられるモノたちが、群を抜いて大きい達磨に驚いている。このような、モノを人になぞらえる擬人化は、次節に示すように病いを可視化する際に効果的に用いられた。

## 頭痛、腹痛を描く

図1－4は売薬の引札《ひきふだ》、つまり広告である。製作された年代は不明であるが、作者は半山直水と記されている。これは江戸時代後期から明治時代初期にかけて活躍した大坂の浮世絵師、松川半山《はんざん》（一八一八～一八八二）のことである。広告主の薬屋は、大坂京町堀羽子板橋南詰に店舗を構える「長谷川」であり、養神丸などの売薬を販売していた。京町堀は、現在の大阪市西区の町名である。

図1－4　売薬類の引札「養神丸・かうべ薬」（半山直水（松川半山）画、国際日本文化研究センター所蔵（宗田文庫））

興味深いのは、この絵に登場する人物たちの丸い顔に描かれた文字である。ズツウ（頭痛）、ハノイタミ（歯の痛み）、ハラノイタミ（腹の痛み）、メマイ（眩暈）、二日酔、センキ（疝気）、カゼ、エヅキなど、日常生活で感じる痛みや症状が挙げられている。このうちセンキ（疝気）は、現代ではほとんど馴染みのないものとなったが、江戸時代の日本人にとっては日常的に経験されるありふれた病いであり、下腹部から足のつけね辺りに感じる、引きつれるような激しい痛みを指した。[*22] 寄生虫などによって生じる疾患で、かつては多くの人々に知られた病いであった。

ハラノイタミ、メマイなどの文字が顔に書かれた人物は、同じように顔が薬袋や薬瓶になった憲兵と激しく戦っている。センキは売薬の養神丸の憲兵に踏んづけられ「そうちから足でむやみに踏まれては、腰の骨が折れそうな。せんきがせんきもちになるぞ」と名乗りを上げている。「足でむやみに踏まれると腰の骨が折れそうだ。私センキがセンキもちになってしまうぞ」とこぼしているのだ。憲兵である養神丸が優勢、つまり薬が効いていることを示す。この養神丸を後ろから羽交い絞めしているのがハラノイタミであり、こちらも激しく戦っている。ハラノイタミは、「此くらいしめあげても　はらがいたまぬかさてもよいくすりじゃナア」と薬の効き目を謳《うた》っている。首根っこをつかまれているのはズツウ（頭痛）である。つかんでいるのは、こうべ薬（頭薬）である。脚気《かっけ》は「あづきには少しもおそれはせねど　からべ薬の良剤にはこうさんじゃ」と、脚気に小豆《あずき》が効いたとされることを踏まえて言っている。こうべ薬は、頭痛だけでなく、二日酔いにも効いたようである。「この丸薬で　むかつきが心よくなつた」という。痛みおよび身体の不調は、見えない敵との戦いであるが、それを見えるように表現したのがこの絵ということになる。

頭痛や腹痛には、疱瘡や麻疹除けの絵のように紅摺や赤い玩具を描くという約束事がない。そのため頭痛や腹痛だと示すためには、苦しんでいる人物の様子ではなく、痛みや症状の名称を顔に書くという擬人化が用いられた。薬などのモノだけではなく、痛みのような抽象的な概念までもが、まるで人間のように描かれる擬人化という手法は、効果的な表現方法であった。室町から江戸にかけて、動・植物、器物、虫や魚・貝類など様々なものが擬人化されて、物語に登場するようになり、江戸時代には対象のすそ野がより拡大した。[*23]痛みや病いといった抽象的な概念も、擬人化のすそ野の広がりの中にあって、憲兵に取り押さえられるパロディとして描かれるようになったのである。

とはいえ、戦う相手であるハラノイタミやズツウは症状であって、その症状を引き起こす要因ではない。病いを根本から断ち切ろうとすれば、その要因である「見えない敵」を描き出して、退治する必要がある。しかし引札はそこまで描いてはいない。ハラノイタミやズツウにみまわれたら、その要因を突き止めるよりも（というよりもできないので）、手っ取り早く薬で症状を抑えればよい。この引札は、そのように示しているかのようである。

同じように痛みの要因を描いた錦絵に「薬の病退治の図」（一猛斎芳虎＝歌川芳虎、一八四七〜五二年頃の作か）がある。これは多種多様な病いが描かれたもので、すべて鬼の姿をしているのが特徴である。中にはハラノムシも描かれている。次にこのハラノムシを見ていくことにしたい。

## 腹の中の見えない敵

「見えない敵」を可視化すれば、敵の存在をはっきりさせ、戦い方も導き出せる。先ほどのハラノイタミの原因を、よりわかりやすく描いて見せたのが『針聞書《はりききがき》』に登場するハラノムシ（腹の虫）である。近年発見された『針聞書』を所蔵する九州国立博物館では、多種多様なハラノムシのキャラクターグッズを売り出し、人気を博している。

『針聞書』は永禄一一（一五六八）年、戦国時代の鍼《はり》治療の名医・茨木《いばらぎに》二介元行《すけげんぎょう》による古写本であり、この書に六三種類の腹の虫が色鮮やかに描かれている。*24 病いの原因が腹の虫として具体的に可視化されることによって、改めて腹の虫は、身体を狙う存在として認識されるようになった。

たとえば「脾《ヒ》ノ聚《シュ》」は、見物に行った庭園で（人混みに酔って）起こるといい、それを治すには脾臓のツボに鍼を立てるという。容姿は、妖怪「おとろし」のようである。蝶のような羽で飛ぶ「腰抜《こしぬけ》ノ虫」、口が三つに分かれている「気積《きしゃく》」など興味深い虫が満載である。*25

血の塊に白い蛇のようなものが巻き付いた「悪血《おけつ》」（図1-5）と、血の塊のような形の

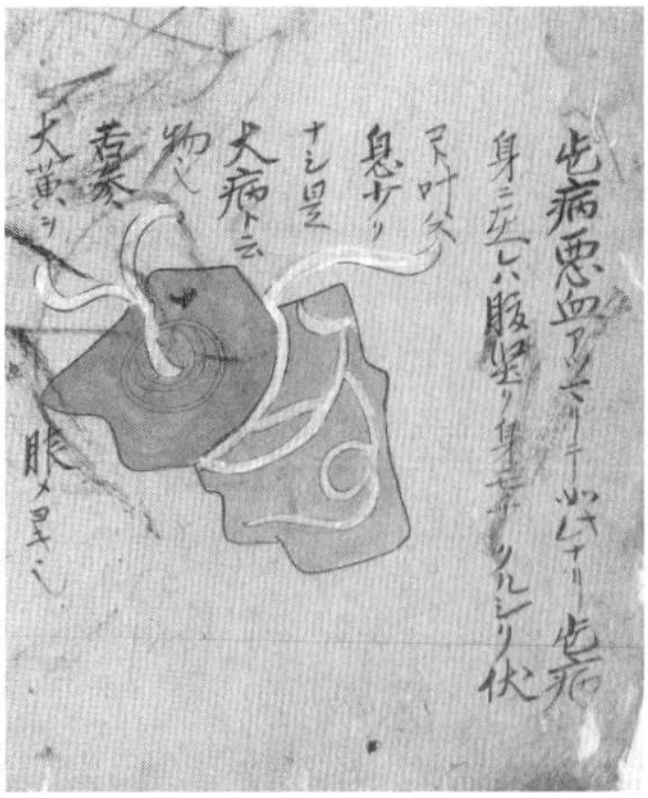

図1‐5　腹の虫「悪血」（茨木二介元行筆『針聞書』永禄11［1568］年、九州国立博物館所蔵）

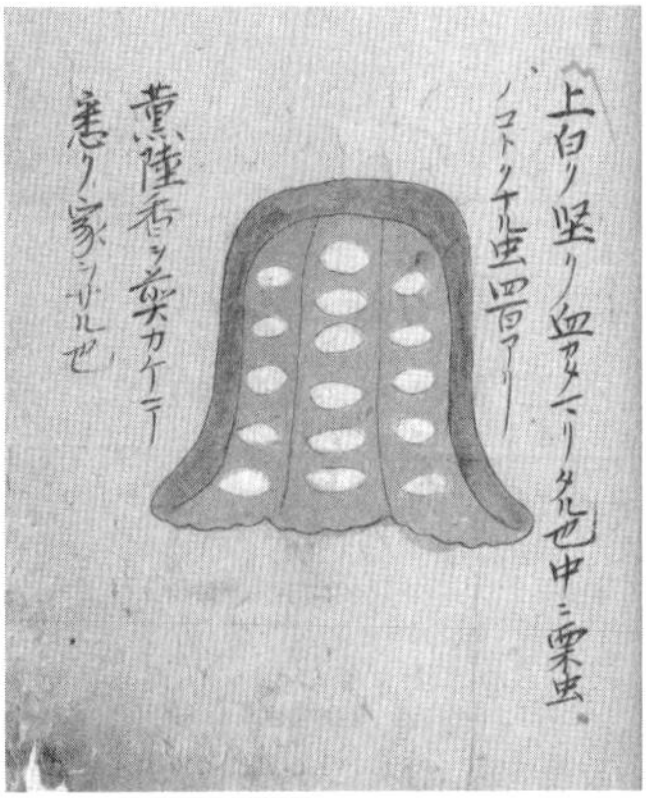

図1‐6　腹の虫「血塊」（茨木二介元行筆『針聞書』永禄11［1568］年、九州国立博物館所蔵）

「血塊《けっかい》」（図1‐6）は、近世から近代にかけての出産習俗にもその名が登場する。「悪血」は「瘀《お》血《けつ》」、またそれと同根の「血塊」も中国明代の医書（『便民図纂《べんみんずさん》』一五一三年）に文字が記され、もとは中国の医書から日本に入ってきた言葉である。[*26] 山田厳子によると、「血塊」は一七世紀以降の日本の産科書に、出産と紛らわしい症状を示す病いの名として頻出し、またケッカイという民俗語彙は「出産時に現れるという想像上の妖怪」を指した。[*27] ハラノムシとしての「血塊」は、「上白ク堅ク血カタマリタル也　中ニ栗虫ノコトクナル虫四百アリ」と記され、中には栗の実に入っているような虫が四〇〇もいるという、気味の悪いムシである。[*28]

「胞衣《えな》の血積《けっしゃく》」（図1‐7）は、「虫中ニ籠《コモリ》テ

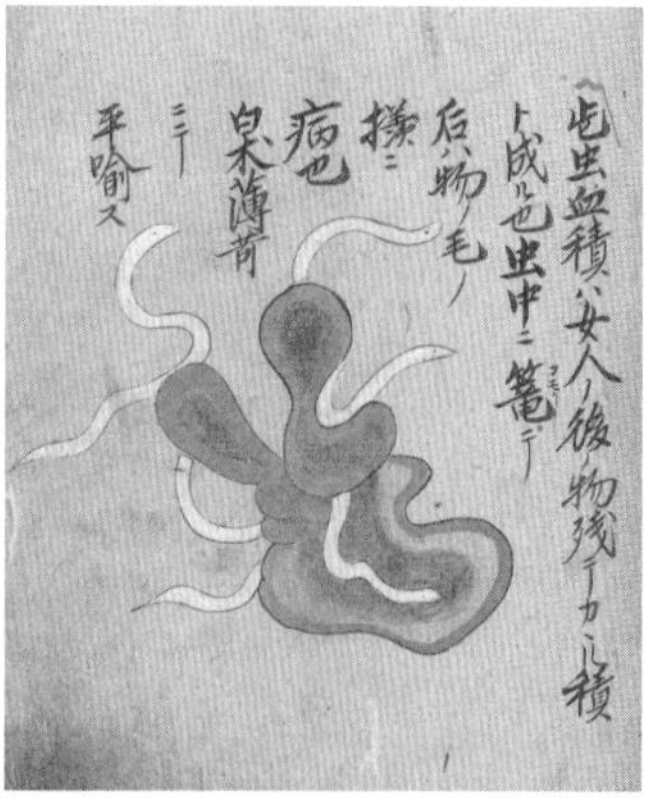

図1－7　腹の虫「胞衣の血積」（茨木二介元行筆『針聞書』永禄11［1568］年、九州国立博物館所蔵）

后ハ物ノ毛ノ様ニ病也」とされ、胞衣が体内に残って「積」を形成し、それに白い蛇のような虫が巻き付いている。*29「物怪《もののけ》」に憑《つ》かれたような病いで、白朮《びゃくじゅつ》（キク科のオケラの根茎）・薄荷《はっか》（シソ科の多年草）で平癒するという。「頓死《とんし》の肝虫《かんむし》」も血が滞っている状態を示し、肝臓に喰いついて人を死に至らしめる。*30六三種類のハラノムシの中で、蛇のような姿で描かれたハラノムシは、もしかしたら命の始まりと終焉に関わる存在としてイメージされていたのかもしれないと想像したくなる。

長谷川雅雄、辻本裕成、ペトロ・クネヒト、美濃部重克《しげかつ》の『「腹の虫」の研究』によると、ムシは、江戸時代の医家にとって重要な存在であり、中国の医書である『諸病源候《しょびょうげんこう》論《ろん》』（六一〇年）に紹介されている「九虫」や「三虫」などを積極的に受け入れ、市井の人々もそれに倣《なら》い、「腹の虫」または単に「虫」と呼んだという。「虫」のもつ大きな特徴は、腹痛や下痢、嘔吐などの身体症状だけでなく、種々の心理的変調をもたらす点にあったという。そうした「虫」観の背景には心・肺・肝・脾・腎の五臓が、身体機能だけではなく人の精神も司《つかさど》っているという考えの「五臓思想」が影響していた。[*31] そして、「五臓」の名を冠した「心虫」、「肺虫」、「肝虫」、「脾虫」、「腎虫」と名付けられた五虫が「五臓の虫」であり、これらが五臓という心身の複合的コントロール・センターに、破壊的な打撃を加えてくると考えられた。これらの「虫」たちは単なる寄生虫ではなく、人の身体にとっての恐るべき大敵であり、「五虫皆ヨク人ヲ害《コロス》」と警戒したのであった。[*32] まさに「身体を狙う」ムシである。

ムシは、その後も民間においては子どものさまざまな症状の要因と考えられた。たとえば、明治時代から昭和初期ごろの全国の出産・育児の習俗を集めた『日本産育習俗資料集成』には、ムシについて全国的に知られた習俗である「ムシ封じ」が紹介されている。

　生児が急に発熱し、または痙攣《けいれん》を起こすのを俗にムシが起きたという。寺に行きムシ封じをしてもらう。寺ではまじないをし、表に「虫」の字を付した護符を渡す。持ち帰って子供の寝室の柱にかけ、ムシの守りに釘を打つ。そしてムシの起きた時は金槌で針（釘か？　筆者注）を強く打ちつけると、おさまるという。〔秋田市付近[*33]〕

生児の急な発熱と痙攣を俗に「ムシが起きた」といい、そのようなときは、寺でムシ封じをしてもらった。「虫」の字を付した護符に釘を打つのは、病気の原因であるムシを目に見える形で示し、それに釘を打って病いを治すまじないである。

腹に巣食うムシは、子どもだけでなく、大人にとってもさまざまな症状や精神的な不調を引き起こす、わかりやすい要因としてイメージされてきたといえる。

## 医師にかかる雷

心身の不調の原因となるムシ。誰にでもわかるような姿でムシが描かれると、人々は自らのハラに巣くうムシを意識せざるを得なくなり、それを治そうとするきっかけにもなった。痛みや不調を可視化するというのは、それなりの効果があったのである。

病いの治療のために医者を訪れても、必ずしも完治するわけではないが、やはり医者にはかからざるを得ない。そのことをおもしろく描いたのが、「雷鳴遠近図画《らいめいおちこちずが》」である。これは、嘉永三（一八五〇）年六月に出された歌川国芳《くによし》の風刺画「きたいなめい医難病《いなんびょう》療治《りょうじ》」のパロディで、同年八月八日に刊行された（図1-8）。幕末の政治に対する国芳の風刺画をもとに、患者を雷に見立てて、顋の療治、腰ぬけ療治、足の療治、子雷《このかみなり》耳の療治、脾腹《ひはら》の療治、角のうめかえ（埋め替え）などを描いている。適宜、漢字を補ってみると、

図１－８　「雷鳴遠近図画」（国際日本文化研究センター所蔵）

「足の療治」は、「意気地のねえやつだとおっしゃるだらうが、雲を摑むやうだという例《たとえ》へのとおり」とはじまり、「雲の上だから足はなくつてもいひわけだが」と、雷が足の治療を受けている。雷のシンボルである角を替えたり、かぎ裂きになった褌《ふんどし》を繕《つくろ》ったり、足や腕が弱かったり、脾腹（横腹）を押さえていたり、雷が人間のような弱さを抱えながら医者に頼っている。ここには、風刺画をさらに楽しもうとした当時の大衆文化の一端が示されている。

　こうした風刺画は幕末から明治にかけて出版された。人物の着物の紋が各藩の家紋と対応した、「きたいなめい医難病療治」と同じく政治風刺の趣向

図１－９「難病療治　こがらし竹斎」（国際日本文化研究センター所蔵）

を取っている。なお無落款《むらっかん》で出版物の検印である改印《あらためいん》がないのは、風刺の処罰を恐れたものと考えられる。

ほかにも「難病療治　こがらし竹《ちく》斎《さい》」のように、名医も匙を投げてしまうような病気をあえて治療しようとした風刺画もある（図１－９）。こがらし竹斎が「うでなしの病」や「のっぺらぼう」、「ちからこぶ」、「めなしの病」など、名医にも手に負えない難病に挑んでいる。たとえば、「わしは目が見えなくてこまります」という「めなしの病」。「どうかよく働ける腕がほしいものだ」と願う「うでなしの病」。これらは目や腕が無い状態だが、逆に手が長くて人の物が欲しくてこまってしまう「手の長イ病」もある。筋骨隆々の男の病いは「ちからこぶ」である。「こう、からだ中に力が満ちてきてはこまった物だ」とこぼす男性は、「何だか世の中の人をつかみ殺したい心もちがしてならない」と、危険な力が身体中にみなぎっている。「口ばかりの病ひ」は、「なんとも世間中の人をうまく言ひくるめてしまいたいものだ」とつぶやいている。この人物は、のっぺらぼうのように目鼻がなく、口だけを大きく開いて、自分で口を指差している。このように、目無し、腕無し、骨無し、手の長い病いなど身体的な特徴に起因したものから、ちからこぶや口ばかりの病いなど、性癖や能力のようなものまで挙げられている。いずれも、名医の手に負えない「難病」としてパロディの対象となっている。登場する患者は、もはや人間なのか妖怪なのかその境界は曖昧である。

## 身体への西洋のまなざし

腹のムシに象徴されるように、和漢の医学思想の中で、心身に変調をもたらすとされたムシは警戒されていた。一方、西洋では心身の変調をどのように捉えていたのだろうか。

西洋において身体内部への関心の高まりは古くから見られ、とくにイタリアのルネサンス期には、レオナルド・ダ・ヴィンチ（一四五二〜一五一九）らによって解剖図や身体図が描かれ、精密な人体模型なども造られるようになっていた。
身体への興味は、さまざまな不思議なものへの関心と同時に湧き起こったという。一六世紀半ばには、Wunder（驚異）とKammer（部屋）という二つのドイツ語を掛け合わせた「ヴンダーカンマー（Wunderkammer）」なる言葉が初めて文書に登場した。これは日本語で「驚異の部屋」「珍品蒐集室」と訳される。[*34]
本の中だけで知られていた各地の珍しいモノの実物を収集し、城や館の陳列室に並べることが貴族などの富裕層の間で流行したが、中には「怪物」の剝製も混ざっていた。[*35]ルネサンス期に進歩を遂げた占星術と医術、解剖学との照応関係から、大宇宙の動きが小宇宙である人体に影響を及ぼすことが盛んに唱えられるようになると、人体の秘密を開示するかのような模型や動物のホルマリン漬けなども、ヴンダーカンマーの必需品と化していった。[*36]
イタリアのベネチアにある自然史博物館の一角に、「驚異の部屋」が再現されている。干し首を吊るした棚の前に、上半身が獣で下半身が魚の標本が置かれ、大蜘蛛、蝙蝠《こうもり》が宙から吊るされ、その下に小動物の頭蓋骨、仮面や貝のビーズ細工の飾り物、瓢箪の入れ物、白い鹿、二つの首をもつ鹿、一つ目の哺乳類の剝製などが所狭しと集められている（図1‐10）。

西洋の科学や医学は、男性の身体、女性の身体をいかに描き分けたのだろうか。ロンダ・シービンガーは、アンドレア・ヴェサリウス（一五一四〜一五六四）ら近代の解剖学者たちが描写してきたのは人間の骨格であったが、一七三〇年から一七九〇年にかけて「ヨーロッパの科学において女性骨格の最初の描写［＝表象］が現れたその背景には、ヨーロッパ社会における女性の地位を明確にする試みがあった」と指摘する。[*37] 一七五九年に出版された女性骨格図は、女性の頭蓋骨を男性のものより小さく描き、女性の骨盤を男性のものより大きく描いたが、それは「単なる解剖学におけるリアリズム発展の産物ではない」という。シービンガーは、女性の頭蓋骨が小さく描かれたことにより、女性の知的能力が男性よりも劣っていることが示され、また女性の骨盤が大きく描かれたことから、「女性が母親たること、即ち家庭という限られた領域にひきこもるよう自然＝本性によって定められていることが証明された」と分析する。[*38] 当時の科学は性差をありのままに描き出すの

図１‐10　「驚異の部屋」（イタリア、ベネチア、自然史博物館）

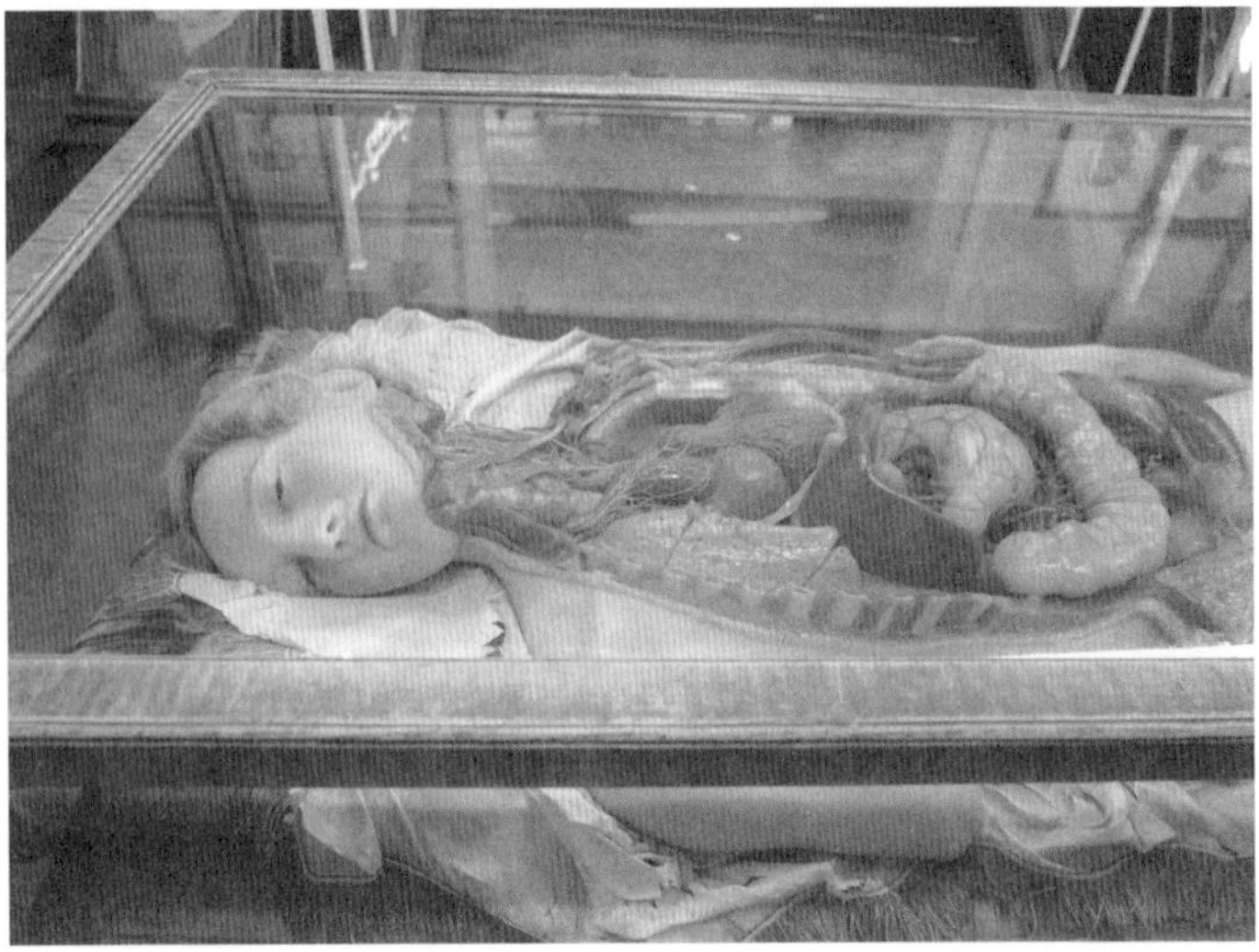

図1－11　女性の人体模型（イタリア、フィレンツェ、ラ・スペコラ所蔵）

ではなく、社会の劣位に置かれた女性の地位の低さを補強するという、一八世紀の性差に関する社会的、政治的な制約を受けていたことがわかる。

荻野美穂はヨーロッパの解剖図を分析する中で、ほぼ一八世紀ごろまで男女の生殖器は本質的に同じものであるとする考え方が存在し[*39]、その後、男女の根本的な非相似性を強調する新しいモデルが優勢となり[*40]、女のからだは、男との異質性と病弱性が強調される中で執拗な医学的まなざしにからめとられていくと論じている[*41]。

このような医学的まなざしは、専門家だけでなく、一般の人々にも影響を与えていった。一八世紀後半には、解剖学的な観点から、身体内部の様子をわかりやすく展示するような活動が見られるようになる。その一つとしてイタリア、フィレンツェのラ・スペコラ（La Specola）があげられる。ラ・スペコラは、人間の身体そのものへの理解を深めようと、一般の人々にも広く開放することを目的に創られた博物館である。展示された蠟製《ろうせい》の人体模型は、血管だけでなく、リンパ管までが、絹糸に色をつけて忠実に再現されている。また人体模型は、なるべく個性のない顔や身体になるよう作製され、女性の人体模型であれば、どれもヴィーナスのような美しい顔に造られた（図1‐11）。現代のラ・スペコラの学芸員の説明によると、個性のある顔だと、人々は誰の身体なのかに興味をもってしまい、人体そのものへの関心が薄れてしまうからだという。しかし、ヴィーナスのような美しい顔でエロティックに横たわる裸体はなまめかしく、人体そのものへの関心を超えてしまいそうである。ラ・スペコラの博物館には、ほかにも数々

図1‐12　胎児の模型（イタリア、フィレンツェ、ラ・スペコラ所蔵）

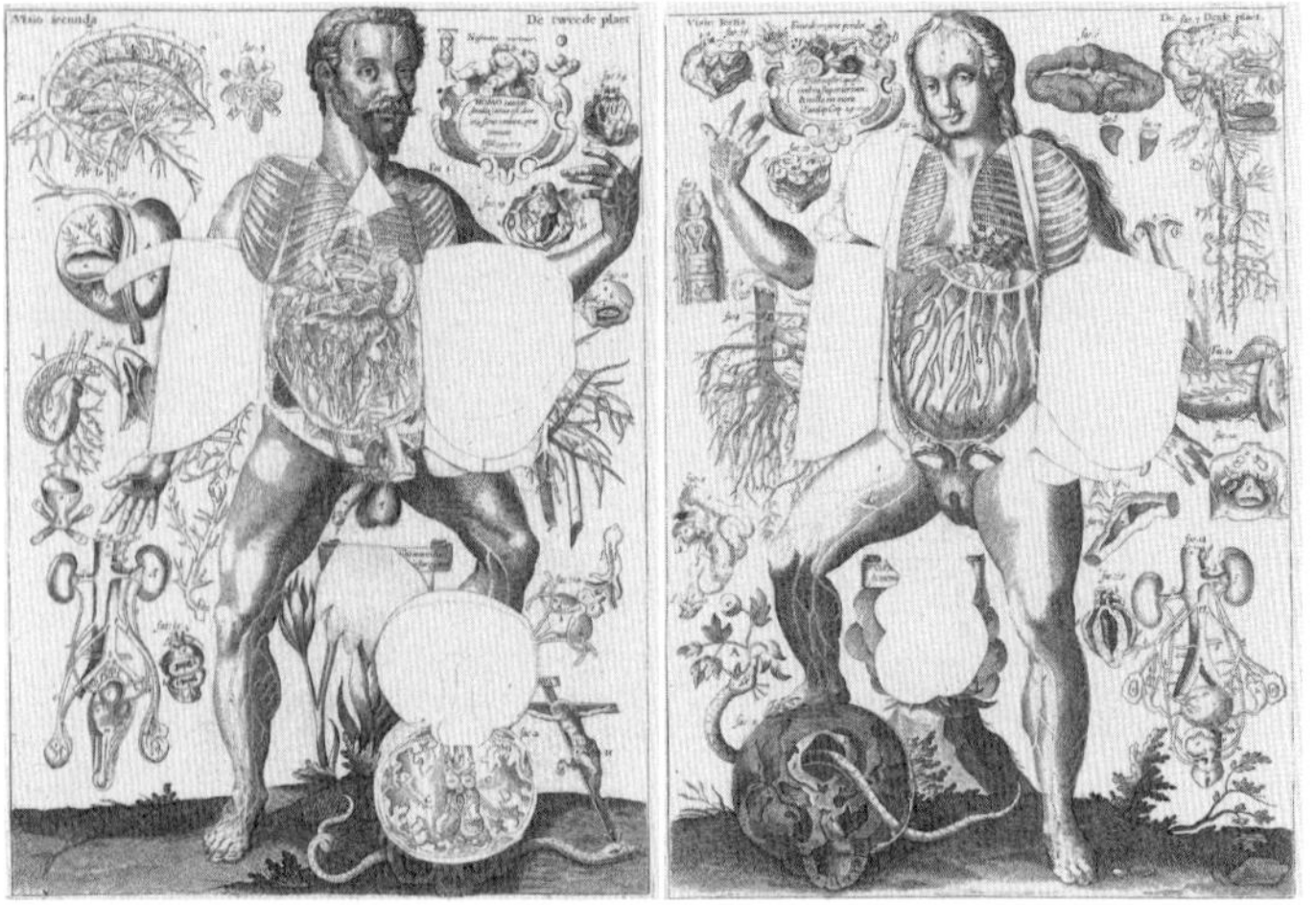

図1‐13　レメリン（Remmelin）「小宇宙図譜（*Pinax microcosmographicus*）」（1613）の蘭訳本（1667年、天理大学附属天理図書館所蔵）

の人体全体や身体部位の模型が展示してあり、その中には、大きなサイズで造られた胎児の模型もある。子宮は真っ二つに切断され、胎児はまるで子宮の「ゆりかご」の中で眠っているかのようである（図1‐12）。まさに女の身体から、〝医学的なまなざし〟によって切り取られた子宮と胎児の模型といえる。

## 臓器を描く

日本でも、身体とくに臓器への興味と人体解剖への関心は高かった。山脇《やまわき》東洋《とうよう》（一七〇五～一七六二）が日本で最初の人体解剖を行ったのは宝暦四（一

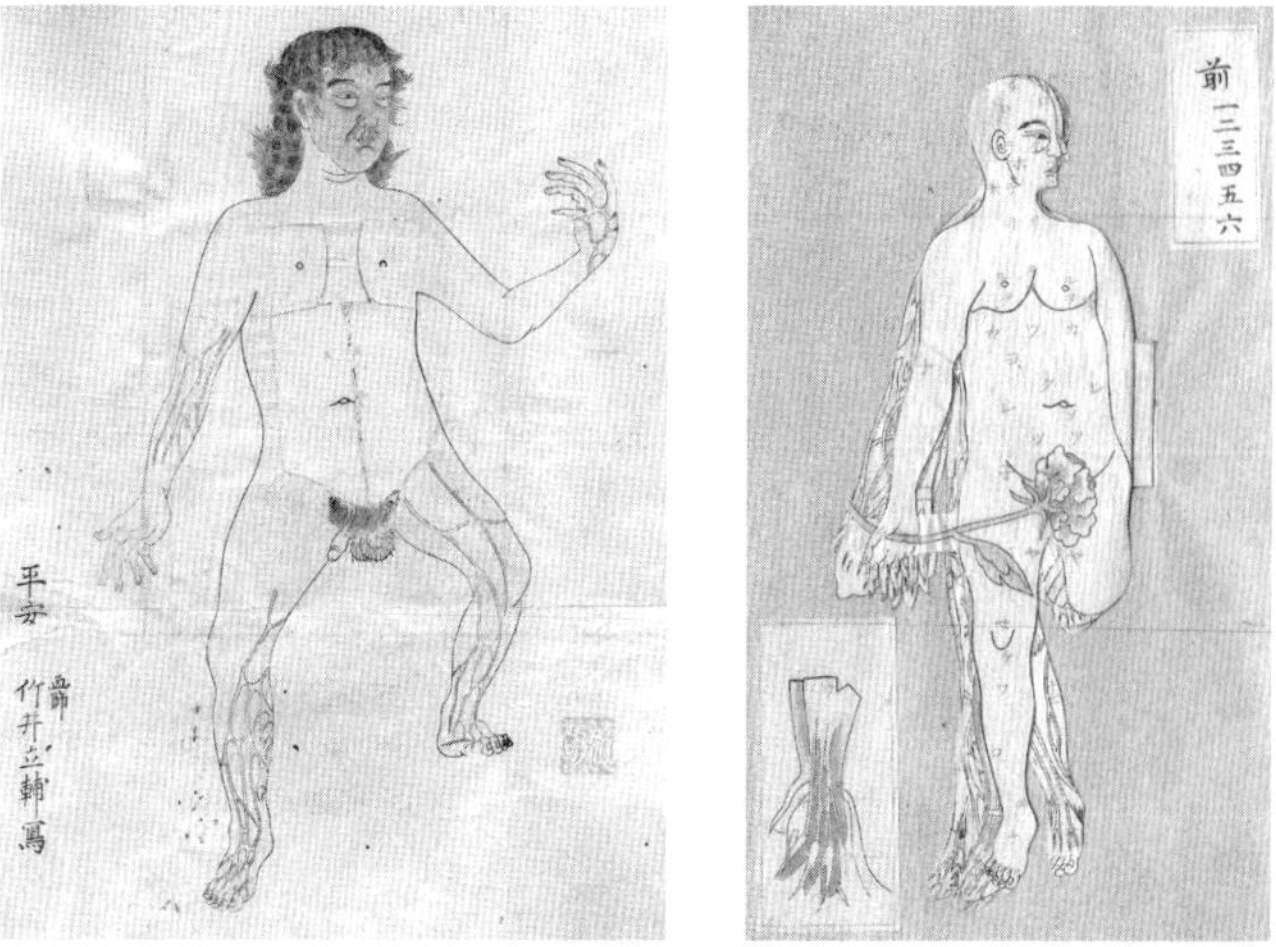


図1-14 『和蘭全軀内外分合図』（本木了意訳、鈴木宗云撰次、明和9［1773］年、国際日本文化研究センター所蔵（宗田文庫）

七五四）年である。東洋は『蔵志《ぞうし》』を記し、従来の五臓六腑《ごぞうろっぷ》説を退け、その後、人体解剖の機運は高まっていく。京都の医師・鈴木宗云《そううん》は、杉田玄白らの『解体新書』（安永三［一七七四］年）が翻訳される二年前の明和九（一七七二）年に、最初の翻訳解剖書『和蘭全《おらんだぜん》軀内外分合図《くないがいぶんごうず》』（本木了意《もときりょうい》訳）を整理改訂して刊行する。これはドイツ人レメリン（Remmelin）の「小宇宙図譜」（*Pinax microcosmographicus* 一六一三）の蘭訳本（一六六七）の翻訳として出されたものである（図1-13）。レメリンの「小宇宙図譜」は立体的な造本になっており、男女の各身体部位の構造を明らかにするため、紙で作られた小さな臓器が身体図の腹部に収められている。そして、開腹するとこれら紙片の臓器を取り出せる仕組みになっている。レメリンの男女の図には、足元に蛇が巻き付く髑髏《どくろ》や十字架が描かれるなど、キリスト教的な色合いが濃いが、日本語に翻訳された『和蘭全軀内外分合図』ではこれらは削除され、必要な身体部位だけが模写された。[*42] 代わりに、女性が手にした赤い芍薬《シャクヤク》のような花が性器を隠すかのように印象深く描かれている（図1-14）。金津日出美は、一八世紀日本の身体内景図・解剖図を分析した中で、女性の身体は男性の身体を主として「対称」「裏返し」として描かれている「裏返しの性差」が、レメリンの解剖書の翻訳に描かれた女性の生殖器にも見出せることを指摘している。[*43] 男性の身体を主とする身体観が見出せるが、一八世紀のヨーロッパで描かれた女性の骨格図において、頭蓋骨は小さく、骨盤は大きく描かれたのとは異なっている。男女の身体については第五章で再び触れたい。

ところで、近世において一般の人々の間に、人体解剖による臓器の医学知識はどの程度流布していたのだろうか。幕末に描かれた浮世絵「飲食養生鑑《いんしょくようじょうかがみ》」と「房事養生鑑《ぼうじようじょうかがみ》」（図1-15-1、2）は、房事（性交）と飲食の節制を説き、男女の身体の内部の様子を描いた興味深い絵である。身体を動かしているのは臓器の中に描かれた小人たちである。この図では、内臓は東洋医学に基づいた五臓六腑、つまり肝、心、脾、肺、腎の五臓に六腑（大

図1－15－1　「飲食養生鑑」（国際日本文化研究センター所蔵）

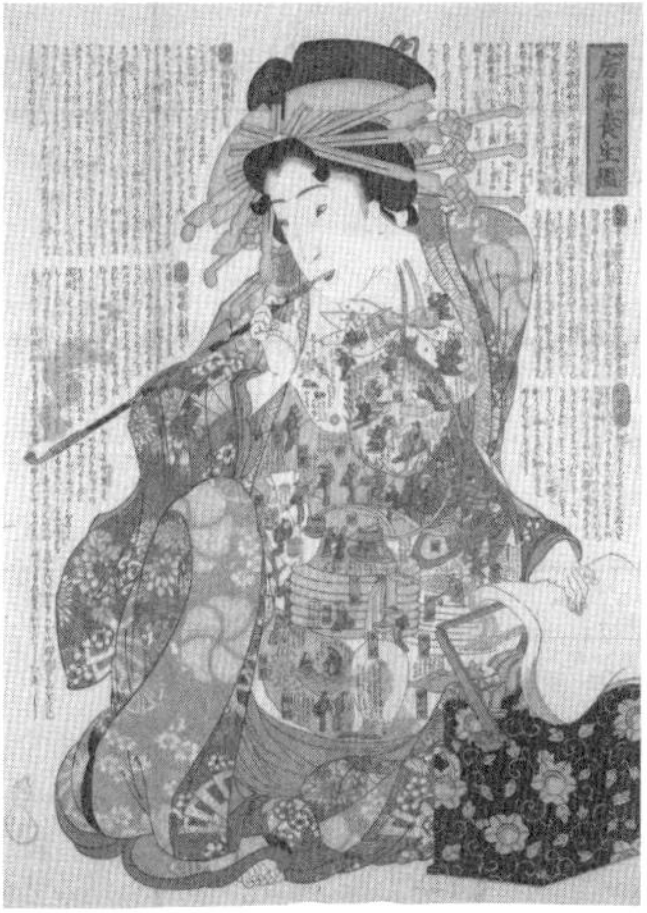


図1－15－2　「房事養生鑑」（国際日本文化研究センター所蔵）

腸、小腸、胆、胃、三焦［西洋医学では対応しない臓器］、膀胱）によって説明される。「房事養生鑑」の、性病の脅威を説くために描かれた花魁《おいらん》の女性生殖器は旧来の五臓六腑に、漢方では知られていなかった卵巣、ラッパ管と子宮が描かれている。[*44]「房事養生鑑」は、庶民の間にも西洋医学の知識が広まっていったことを示す例といえる。

「飲食養生鑑」と「房事養生鑑」のさまざまな諸器官では、小人が一所懸命、働く様子が描かれている。諸器官の多様で有機的な働きを示すために、擬人化して可視化することは、わかりやすい手法の一つであった。解剖図のように臓器そのものを描いても、臓器がどのような働きをするのかを示すことはできなかったため、まずは小人が働く様子を描いて人々の身体への興味を惹いたと考えられる。

身体内部の臓器の働きを小人によってわかりやすく示し、一方で、身体を狙う「見えない敵」を可視化する。それは、人々が自らの身体を気にかけ、医者の治療に向かわせる秘訣でもあったのだろう。

## 可視化の限界

身体の細胞は、ときにウイルスと戦い、ときに敗れて病気を引き起こすなど、日々働いている。細胞を小人に見立てたマンガ『はたらく細胞』(二〇一五)は、人間の身体の細胞を擬人化した物語である。たとえば第一話「肺炎球菌」では、男性役の白血球は、女性役の赤血球と、さまざまな細胞の協力を得て、悪役インベーダーの肺炎球菌を撃退する。[*45] 白血球は身体の仕組みを熟知しており、敵である細菌の動きを予測しながら、肺炎球菌を倒すために奔走する。まさに戦う細胞たちである。スギ花粉やインフルエンザ・ウイルスなども「敵」としてキャラクター化され、白血球や赤血球の前に立ちはだかる。二〇二〇年に世を席捲した新型コロナウイルスも擬人化されて、物語に登場している。[*46]

『はたらく細胞』を、さして違和感なく読めてしまうのは、私たちが擬人化という手法をよく知っているからであるが、身体内部で小人、すなわち細胞や器官が働いているという、近世の「飲食養生鑑」や「房事養生鑑」に描かれたような身体観にも慣れ親しんでいるからなのかもしれない。

本章冒頭で取り上げた感染症の中には、毎年のように流行するインフルエンザも含まれる。「スペイン風邪」と称された「スペイン・インフルエンザ」は一九一八年に世界を襲い、二〇世紀最悪の人的被害をもたらしたとされる。[*47] 速水融《はやみあきら》によると、同じ頃に戦われた第一次世界大戦の戦死者は約一〇〇〇万人だが、スペイン・インフルエンザは実にその数倍の命を奪ったという。日本でも、とくに大正七（一九一八）年の「前流行」の死亡者の増大は急速で、その年の一一月だけで一三万人以上を記録した。[*48]

このような膨大な死者を出す「敵」はすぐには可視化されなかった。インフルエンザ・ウイルスによる感染症は、電子顕微鏡が発明され、細菌よりさらに小さいウイルス学が発達して初めて把握できるものであった。[*49] 速水融は、ほぼ一〇〇年前に生じたスペイン・インフルエンザが、これほどの死者を出したにもかかわらず、すぐに人々に忘れ去られ、またほとんど研究もなされてこなかった点を力説し、まずスペイン・インフルエンザから何も学んでこなかったこと自体を教訓とするよう主張している。[*50] 速水融の研究を継承した磯田道史は、長い人類史からすれば感染症の危機は新しいとし、狩猟採集の時代から「牧畜」の時代になりヒトと動物との接触が増え、「農業」の開始によって「定住化」が進んで「都市」ができ、感染症の大流行が頻繁に起こるようになった、と説明する。[*51] そして今世紀の真の最大脅威は、「敵の国」よりも「ウイルス」だという。[*52]

現在、新型コロナウイルスという「敵」は電子顕微鏡によって把握され、私たちはその形を画像によって見ることができる。「見えない敵」の可視化にはたしかに人々の意識を「敵」に向けるという効果はあるが、ウイルスの形がはっきり識別されたからといって、流行を抑えられるわけではない。飛沫感染を防ぎ、可能な限り広くワクチン接種を行うといった感染予防が必須となる。

新型コロナウイルスに関しては、「見えない敵」の可視化よりも、むしろ感染拡大とともにアマビエという妖怪が流行し、「疫病退散」のシンボルとしてお菓子やキャラクターグッズが多数売り出された。アマビエは弘化三（一八四八）年四月中旬の日付をもつ「かわら版」（肥後国海中の怪）が唯一の史料で、「予言獣」として知られる。[*53]「敵」としてのウイルスそのものではなく、「疫病退散」のシンボルを描くのは、本章にて紹介してきた錦絵などと同様の流れにあるといえるだろう。

# 第二章　狙われる身体

## 狙われやすい身体部位

かつて心身の不調は、悪霊や妖怪が身体に憑くことで生じると考えられていた。たとえば中世には、「毛穴」は病気の進入路として意識されていたという。[*1] では毛穴のほかにも、病気の進入路として狙われた身体部位はあったのだろうか。たとえば狐憑きによって身体に不調が生じたとみなされたとき、具体的にどの身体部位が狙われると考えられていたのだろうか。筆者はかつてこのような問いを明らかにするために、「怪異・妖怪伝承データベース」（国際日本文化研究センター、現・怪異・妖怪画像データベース）を用いて、さまざまな身体部位を含む伝説や俗信を身体部位の名称によって検索し、妖怪に狙われやすい身体部位を抽出したことがある。怪異・妖怪伝承データベースには、おもに民俗学者や郷土史家たちが近現代に収集した三万五〇〇〇以上の伝承が含まれている。

これらの伝承データをもとに分析した結果、妖怪に狙われやすい身体部位を件数の多い順に並べてみると、「足・手・目・頭・首・髪・腹・顔・背・尻」となり、足と手が最も狙われやすいことが明らかとなった。ただしこれらの伝承には「手長足長」など、長い手足をもつ妖怪の名称なども含まれているため、この順位は「人間の手が妖怪に狙われやすい」というだけではなく、「手に怪異現象が起こる」、また「手をモチーフにした妖怪が創られる」といった傾向をも伝えている。[*2]

手や足だけではなく、指先や爪先などの先端部分も狙われやすいとみなされていた。指先や爪先に関する伝承は、日常の労働において怪我を防ぐために気を付けるべき身体部位を示していたとも考えられる。また興味深いことに、脇の下や股の下といった、腕を挙げたり脚を開いたりすることによってできる空間や、また、最初から穴になって開口している身体部位、つまり耳や目、鼻の孔なども同様に狙われやすい身体部位であった。[*3] 人類学者のメアリ・ダグラスは、「あらゆる周辺部は危険を秘めている」とし、「どのような観念構造においても侵され易いのはその周辺部である。従って肉体の開口部は特に傷つき易い部分を象徴していると予想するべきであろう」と指摘している。[*4] 肉体の開口部とは、口や耳、鼻孔などである。このような傾向は、日本に限らず、ほかの地域においても見られる。

たとえば中国では「霊魂出竅《れいこんしゅつきょう》」という言い回しがあり、魂は七つの穴――目、耳、鼻のそれぞれ二つに口を加えた合計七つから抜けるとされてきた。人が死ぬときにはこれらの穴から魂が抜けていき、このような穴に妖怪や悪霊も侵入しやすいと考えられた。

また中国の鍼灸には「一三鬼穴」というものもある。これは紀元前六五二年に唐の孫思邈《そんしばく》が初めて用いたもので、「鬼祟癲狂鍼穴《きすいてんきょうしんけつ》」、俗称「鬼門十三針《きもんじゅうさんばり》」といい、[*5] 悪霊に取り憑かれたときに刺激する一三のツボを示している。このツボを刺激すると痛くなり、悪霊が抜けていくという。現在はうつ病など精神疾患のためのツボとして用いられている。このように中国医学では、身体の開口部やツボなどからも、病原と考えられたムシや悪霊が抜けていくとみなされた。

このような身体観は、中国の医学書などを通じて日本の医学にも影響を与えていたと考えられる。曲直瀬道三《まなせどうさん》（一五〇七〜一五九四）は、室町時代の僧医・月湖《げっこ》による原著を増補改訂した『類証弁異全九集《るいしょうべんいぜんくしゅう》』（一五四四年成立、元和年間〈一六一五〜二四〉刊）に、「虫」が臓腑を食い尽くし、病人が死に至るまさにそのときに、その「虫」が病人の九窍《きょう》から飛び出し、近くにいる弱った人の「腹中」に入っていくことによって、「伝尸病《でんしびょう》」が多くの人にうつり煩《わずら》わせる、と記している。また、香を焚いてその煙を吸わせて伝尸病かどうかを見る方法も記述されている。[*6]「伝尸病」という呼び方は魏晋時代（二二〇〜四二〇）に見られ、肺病などによる慢性伝染病を指し、漢代（二五〜二二〇）の華佗《かだ》『華氏中蔵経《かしちゅうぞうけい》』巻上（『中蔵経』）には「伝尸論」が、また『外台秘要方《げだいひようほう》』（七五二）巻一三には「伝尸方」が所収されている。[*7]ちなみに『類証弁異全九集』の説明にある九窍つまり身体の九つの穴は、目、耳、鼻孔、口、尿道、肛門を指す。

病原体である「虫」が死にゆく人の身体の開口部から出ていき、近くの人の腹中に入るという「伝尸病」の説明は、感染の経路を示しているかのようで興味深い。

## 身体の「中心」

妖怪や怪異に関する伝承から浮かび上がってきた、狙われやすい身体部位である「足・手・目・頭・首」は、必ずしもすべてが急所、つまり狙われると命に関わる大事なところというわけではない。

そもそも身体のどの部分を急所、もしくは身体の中心とみなしていたのかは、地域によってまた時代によっても異なっている。たとえば脳についての最も古い記載は、紀元前三〇〇〇年代のパピルス文書に認められるという。大隅典子は、古代ギリシア時代に、心や感情を司るのは脳だと考えていたアルクマイオンは、「脳科学の祖」ともいうに相応しいと指摘している。[*8] ヒトの脳は一四〇〇グラム程度で、体重の四〇分の一を占めるが、脊椎動物の進化では体の大きさの割に相対的に脳が大きくなる「大脳化」（encephalization）という進化の方向性がある。ヒトは最も高い脳化指数を示しており、巨大化した脳が頭蓋に収まるようにするために、脳の表面に無数の皺があるという。[*9] またヒトの脳の硬さは木綿豆腐ぐらいというから、硬い頭蓋でしっかりと守られる必要があった。

現在では、脳と頭蓋骨を「頭」という語で示すこともあるが、かつて人々は必ずしもそのような身体観に基づいて「頭」という語を用いていたわけではなかった。たとえば「石頭」という表現は考え方が頑なであることを指すが、その背後には「頭は硬い」という認識がある。その場合、頭が指し示している部位は脳ではなく頭蓋骨である。

頭を表す語であるカシラは奈良時代から、カウベは平安時代から、そしてアタマという語形は少なくとも千年以上前から存在しているが、それは「頭」の意味ではなく、当時は顖門《しんもん》——前頭部の冠状縫合と矢状縫合の合する部位に認められる泉門《せんもん》、すなわちヒヨメキの位置——をさす語であったという。その後、日本語の「アタマ」という語は、古代日本語のカシラなどに取って代わり、近代日本語で頭を表す代表語となっていった。[*10] ちなみに泉門とは、古代中国では魂の抜ける身体部位とみなされていた。[*11] また鍼灸においては、泉門とほぼ同じ箇所にある四穴を「四《し》神聡《しんそう》」と呼び[*12]、重要なツボであった。

現代では、身体にさまざまな指令を送る脳もしくは頭を重視するが、かつては必ずしも脳ないし頭は身体の中心とみなされてきたわけではなかった。酒井シヅは、明治維新の際に漢方から西洋医学へと転換したとき、腹を中心とした身体観から、西洋化の中で頭・脳を身体の中心とする身体観が育ち、それが身体症状に反映していったと指摘する。そしてその結果、江戸時代には疝気《せんき》や癪《しゃく》のように誰もが知っていた病名が、明治以降に次第に消えていき、代わりに頭痛や神経症、ストレスなど神経系の病名が出てきたという。[*13] 腹を中心とした身体観から頭・脳を中心とした身体観へと変化する中で、現代ではなじみ深い頭痛や神経症、ストレスなどの名称も誕生したことになる。浮世絵師、松川半山が描いた売薬の引札（図1－4）には、センキ（疝気）もシャク（癪）もズツウ（頭痛）も描かれていたが、これは漢方から西洋医学への転換が生じる過渡期の状況を示したものといえるだろう。

## 腹痛の原因としての怪異現象

人々は、腹痛や頭痛の原因をどのように認識していたのだろうか。妖怪や悪霊に狙われる身体の伝承は、その結果生じる心身の不調についても併せて伝えていることが多い。それゆえ、これらの伝承を、過去の人々が経験した身体感覚の情報として読み直すことができる。では、どのような身体部位にどのような妖怪や悪霊が攻撃をしかけ、心身の不調を生じさせていたのだろうか。

脛《すね》やふくらはぎを襲うという妖怪「カマイタチ」は、それを否定する科学知識としての「真空説」とともに、二〇世紀の初めまでに全国に浸透した。[*14] カマイタチのように、個別の身体部位を狙って攻撃してくる妖怪には、たとえば泳いでいる人の尻子玉《しりこだま》、つまり内臓を抜くという伝承もある河童などが挙げられる。

腹については、第一章で紹介したハラノムシのほかにも、腹痛の要因を説明する災因論的な伝承の中に手がかりがあると考えられる。災因論とは、人類学者の長島信弘の定義によると、「実際にすでに発生したか、あるいは理論的に想定しうる災いを受けた状態（マイナスの状態）をいかに元に戻す（ゼロにする）かについての理論と行動の体系」となる。*15 災いを受けた状態をいかに元に戻すか——つまり腹痛に見舞われたときに、どのようにそれを説明し、回復させるのか、その理論と行動の体系として読み解いていくことができる。次に示すのは、腹痛や高熱の原因として取り上げられたクダショーについての説明である。

「クダショー」（静岡県磐田郡水窪地方）に憑かれて

クダショー　原因不明な腹痛になったり、高熱に浮かされてうわごとをいったりすると、水窪方面ではクダショーにとり憑かれたという。こんなときには、かならずそれ以前に何か思い当たる罰当たりなことをしているものだという。クダショーにとり憑かれると禰宜《ねぎ》様に祈禱をしてもらって落とすか、それでもだめならば、山住様からお犬様のお札を借りてくる。三人で借りに行き、お札を青竹にはさんで持ち帰る。この時、決して振り返ってはいけない。また、竹を地面に下ろしてもいけないという。今では、車でお詣りするため風呂敷に包んで担いで帰る。

クダショーはイタチに似た小さな動物で毛色は白か灰色、姿を自在に見せたり隠したりできるというが、その正体を見た者はいない。クダショーの家から嫁をもらうと急に家が栄えて裕福になると、クダギツネと同様な伝承がある。[*16]

この説明が示すように、磐田郡水窪地方では、原因不明の腹痛や高熱を出してうわごとをいったりすると、クダショーに取り憑かれたとみなされた。クダショーの姿を誰も見たことはないが、イタチに似た小さな動物だという。これを落とすには、禰宜の祈禱かお犬様のお札が必要であった。

民俗学や人類学が蓄積してきた憑霊《ひょうれい》信仰の研究――さまざまな神霊が人間や事物に「憑く」という現象をめぐる信仰についての研究が明らかにしてきたように、憑霊信仰の中核を担うのは、人間の身体への神霊の憑依である。しかしそれだけではなく、自然の事物や人工物にも神霊は憑依してきた。小松和彦によると、憑霊信仰は、憑かれる者にとって好ましい結果をもたらすと判断される憑霊と、好ましくない結果をもたらすと判断される憑霊の二つのタイプに大別できる。後者の場合、邪悪な意図をもった神霊が人に憑き、憑かれた者の健康を破壊し死に至らしめることになるとみなされるため、できる限り早く、憑かれている者の体から神霊を強制的に退去させて憑かれた者を救おうとする。そのような悪霊祓いの役割を果たしてきたのは、多くの場合宗教者であった。[*17]

また、本人が何か事を起こしたために不都合が生じ、その報いとして、腹痛が生じるという伝承もある。主に昭和初期、一九三〇年前後の報告を紹介すると、たとえば家を建てるために石を動かそうと土を掘り起こした大工が、いくら掘っても石があるのでそのまま放置したら腹痛を起こして三日目に死んでしまった。[*18] また、伐り取った者が必ず腹痛を起こしたりするという榊《さかき》に、明治維新のころに進歩的な若者が鎌を打ち込んだところ、榊の伐り口から血のようなものが流れ、叫び声が聞えたかと思うと、若者は腹痛を訴えて倒れてしまった、などである。[*19] 家族が念仏を唱えて詫びると、腹痛はけろりと治ったという。このほかにも石を割ろうとしたら石から血が流れ出たり、割った石工が腹痛に見舞われて死んでしまったりという伝承は数多くあるという。[*20]

さらに腹痛ではなく、疫病におかされたことを説明する伝承もある。

東京都北多摩郡保谷《ホウヤ》村大字上保谷字上宿《カミジュク》の下田という旧家が所有する桑畑の中に、土地の人々がナンジャモンジャと呼ぶ一本の樹が生えていた。三〇年ほど前（著者注：一九〇〇年ごろ）に、この樹を切ると必ず病いにかかるから決して切るなと忠告を受けていた村の男が鉈を振って、この樹の枝を幾本か切り落とした。男はまもなく疫病に冒され、村の人々は、なおさらこの樹の霊を恐れたという。[*21]

これらは大蛇を殺したとか、石を持ち帰るとか、薬師を捨てたといった、規範やタブーを破ったりすると腹痛が生じるとする伝承である。

次に、頭痛に関する伝承についても見ておきたい。近世の腹を中心とした文化から近代の頭・脳を中心とした文化へと移行した際に、「頭痛」も登場したとすれば、頭痛に関する伝承も、近代に増えたと推測できる。

イズナに憑かれて病院に行っても、熱病だといわれるだけで治らなかったが、千葉氏（九戸神社別当）やモノシリに祓《はら》ってもらうと、ケロッと回復した。イズナに憑かれたと思ったことがある人によると、二十日間ぐらい頭痛・発熱が続いたので病院へ行ったが、異常なしと言われた。そこで今度は、あるおばあさんのところへ行き、祓ってもらい、四日間仕事を休んだという。[*22]

病院に行っても治らない頭痛や発熱は、「モノシリ（物知り）」や「あるおばあさん」など、その地域で霊媒師のような役割をする人物たちが祓うことで症状は回復した。そしてそのときに初めて、頭痛や発熱の原因が、イズナに憑かれたことだと示される。

ほかにも「ミサキ」や「七人みさき」に憑かれると頭痛がする、という伝承がある。それを祓う方法には、たとえば「七人みさき」に憑かれた人を入り口に立たせ、後ろから箕《み》で煽《あお》ぐ、といったものがある。*23

このように、憑き物によって生じる腹痛や頭痛、発熱などは、祈禱師や霊媒師などの宗教者、また経験や知識が豊富で、能力を備えた人が祈禱することで多くは回復するとみなされた。腹痛、頭痛、発熱など身体の不調は、宗教者の語りの中でその原因が明らかにされ、回復に向けての祈禱が行われた。このように見てくると、近代に入ってからも、悪霊や妖怪に「狙われ」頭痛を引き起こした身体の話は語り継がれてきたことがわかる。

## 肩こりと肩への怪異

頭痛、腹痛のほか、多くの現代人が抱えているのが肩こりや腰痛である。パソコンに向かって長時間のデスクワークをしたり、同じ姿勢で作業を続けたりしていると、肩こりや腰痛が生じる。長時間の作業を続けないように、ときには休んで軽い体操をする、視線を逸《そ》らして窓の外を眺める、といったことが奨励される。

栗山茂久は、永い海外生活のなかで「肩が凝った」に相当する訴えを、一度も耳にしていなかったことを記している。[*24] 栗山は日本人の「凝り」体験の来歴を辿るべく、名詞の「肩こり」は明治以前には遡《さかのぼ》れないとし、もともと中国医学の病名であった「痃癖《けんぺき》」に注目する。そして、中国では脇腹の病いを指す医者の専門用語であった「痃癖」が、日本では一般の庶民が訴える背中の疾患に変身したことを明らかにし、日本の「癖」は腹と密接な関係を保ちながら、その部位に限定されない病い、部位よりも病因で規定される病いになったことを明らかにした。そして癖、積、結などを貫いたのは滞りの不安であったとし、血気が滞って、「凝《しこ》り」になるという病いの想像があったことを分析している。肩こりは、血気が滞ってしこりになるという想像からできあがったという意外な経緯が明らかにされたのである。[*25]

再び怪異の伝承に戻ると、肩が狙われる語りの中には、肩こりのような慢性的な滞りではなく、山道を歩いているときに肩に突然生じた違和感を怪異と結びつけるものもある。狐やタヌキなどの動物霊が好んで憑く身体部位の一つは肩である。たとえば狐が人に憑くときは、手足の爪先から入り、また、狐は人の肩にのって仕事をするという。[*26]

このような伝承は、肩に獣の足跡があったという実体験として語られたり、「狐は憑いた人の肩にいて食物をとって食べてしまうので、憑かれた人は痩せてしまう」と、狐が人の肩にいることが語られたりする。肩は、狐などの動物霊が憑く身体部位として認識されていたといえる。

さらに、朸《おうご》（天秤棒）を跨ぐと肩瘡《けんそう》ができるといわれており、[*27] 瘡ができる身体部位の一つも肩であった。

人に憑いた動物霊などを落とすとき、宗教者が肩や背中に何かが憑依していると告げたことにより、肩や背中を叩いたり、撫でたりすることがあった。こうして動物霊が憑く身体部位として肩が意識されるようになったとすれば、そこにも宗教者が重要な役割を果たしていたことになる。

## 痛み除けの占い

肩や腰などの痛みを示す、特定の地域に伝わる民俗語彙もある。栃木県、福島県などでは、膝や肩、腰などが急に痛くなるのを「ロクサン」といった。

「ロクサンヨケ」急に肩・腰が痛くなった時にしてもらう。スマ豆腐を持っていって拝んでもらう。ロクサン除けをする人が、ロクサン様にそのスマ豆腐を供えて祈る。

森部落にいる××××氏は昭和三五、三六年頃まで行なっていた。また、自分の家の氏神にスマ豆腐（豆腐屋で豆腐を作る時の隅の方の堅い部分）をあげると、ロクサンが治るといわれている。*28

「ロクサン」は、六三除けもしくは六算除けと呼ばれる暦と祈禱の一種であり、「年回りによって身体の特定の部位に宿り、病いをひきおこすと考えられたある種の霊的存在。また、それを原因とする病患や、その宿る部位を特定する占いをいうこともある」という。*29病いを引き起こすと考えられた霊的存在であるロクサンは、年回りによって、影響を与える身体部位が異なる。一九一五年の『郷土研究』に掲載された報告には次のように記されている。*30

如何なる病気に限らず、身内のどこかが痛む時は之を六算《ろくさん》に当ると云ふ。其の何れに当るかを見出すには、本人の年齢を九で除して残りの数を見、一・三が足、二・六が脇、四　腹、八　股《また》、五・七が肩、割り切れたときは頭《かしら》又は惣身六算と謂ふ。治癒を稲荷《いなり》に祈り験《げん》あるときは豆腐、赤飯、団子《だんご》等を供《そな》へる。（著者注：適宜、読点などを入れた）

当人の年齢を九で割った残りの数によって、痛む箇所が明示されるという。このような「六三除け」は、暦や八卦《はっけ》などの占いの一般向けの出版物にも紹介されている。たとえば石黒玄山著『銭易と算易』（一九二二）は、銭易、算易、八卦などの占いに加えて、附録として「六三除け」を入れている。これによると、年齢から九を引いて残った数によって頭、腰、右手、左脇、左手、腹、足などの痛む身体部位がわかり、それは男女によって異なるという。

このように暦と祈禱の方法である「六三除け」は、その名称がそのまま「ロクサン」という痛みの名称や「ロクサンに当たる」という痛みの要因の説明となって、民間に流布していったと考えられる。

マティアス・ハイエクは、八卦のような数を元にした占いについて次のように説明している。中世初期から活躍していた占い師の一種「算置《さんおき》」が、近世初期に暦占いから発展した「八卦遊年法」を中心とした占い方を用いた。[*31] そして、出版文化の展開によって、一七世紀後半から八卦占いの知識を公開したものや、内容を大幅に増幅したものまで出版されるようになった。こうして一般向けの本に八卦占いは吸収され、民間知識や民俗として生きながらえたという。「六三除け」という占いは、時刻、日にちなどによって結果を導き出す近世からの八卦が、その源流にあると考えられる。

## 風邪にあたる

私たちにとってたいへん身近な風邪は「風邪症候群」と呼ばれ、主として上気道すなわち鼻腔、咽頭、喉頭に起こる感染症である。「風邪」は、「風」と邪悪の「邪」との漢字の組み合わせであり、想像をたくましくすれば、「風」に乗ってやってくる、身体を狙う邪悪なものが想起される。

風邪とは別に民俗社会では、「カゼにあたった」とか「カゼにあった」と呼ばれる症状が見られた。宗教人類学者の佐々木宏幹《こうかん》によると、たとえば海や山で仕事をしているときなどに悪寒に襲われ、生気を失って寝込むような場合、これを「カゼにあたった」とか「カゼにあった」などと呼び、医者では治すことができず、ホウニンと呼ばれる祈禱者のところへ行って治療したという。[*32] このようなカゼは、邪悪なものが身体内部に侵入した、もしくは影響を与えたと考えられた。

風邪とは何なのか、ここで東洋医学の考えを参照してみよう。東洋医学における病気に対する考えの根本には、生活体の基本に「気《き》」と「血《けつ》」という二つの要素が設定されている。[*33] 血は、いわゆる血液だけでなく、リンパ液、組織液を含めた体液を総称したものであり、気はこの体液（血）の運行を司っているものと理解される。気と血の調和が破られた状態が病的な状態であり、「病気は、正常の気（正気）が病邪（邪気）によっておかされた状態」と理解される。「病は気から」「気を病む」なども、こうした考えに基づいている。

では「正常の気をおかす」病邪とは何だろうか。病気について体系的に論じた『諸病源《しょびょうげん》候論《こうろん》』（五〇巻）を参照しよう。『諸病源候論』は、隋《ずい》（五八一〜六一八）の煬帝《ようだい》の勅命によって大医博士巣元方《そうげんぼう》が編纂したもので、六七門一七二〇論よりなり、病因、病理、病位などについて詳述した診断学の医書である。

『諸病源候論』巻之五〇のうち、巻之二「風病諸候」下に四六「風邪候」、四八「鬼邪候」、四九「鬼魅候」があり、これらの「風邪」「鬼邪」「鬼魅」が病邪を指している。[*34] 順に見ていくと、「風邪候」は、「風気が人を傷《やぶ》るを謂うなり。人、身内の血気を以て正と為し、外風の気を邪と為す」と記されており、身体内部を流れる血気は正しく、外から入ってくる風気は邪であると対比される。つまりここでは、風気が外から「人を傷《やぶ》って」身体内部に入り悪影響を及ぼす、という意味になる。「鬼邪候」では、「凡《およ》そ邪気物、病の所為《ゆえん》也、其状同じからず」とあり、邪気物つまり邪気が病いの原因だとし、その症状はさまざまであることを説いている。また「鬼魅候」では、「凡そ人、鬼の魅する所となることとあれば、則《すなわ》ち好んで悲しみて心自ら動き、或いは心乱れて酔のごとく、狂言恐怖す。壁に向いて悲啼し、夢床してしばしば厭《おそ》鬼われ、鬼神と交通す」とある。つまり人が鬼に魅入られてしまうと、しばしば悲しみが訪れ心が動き、また乱れて酔っぱらったようになり、うわ言をいったりして恐怖する。壁に向かって泣き、夢を見れば悪鬼、鬼神と交信する、という。

ここでは「風邪」から「鬼邪」、「鬼魅」へと症状が段階的に進んでいる。では、「人を傷って」身体に侵入する「風気」とはどのようなものだろうか。

『薬王千金方《せんきんほう》』によると、「風」について、「風は多く背中から五臓に入り、諸々の内臓が病を受ける。肺が病むのが最も緊急である。肺は呼吸を司っている。故に諸々の内臓が病むのである」と記されている。*35

このように風は、多くは背中から五臓に入るとされ、さまざまな病いの原因とされた。筆者がかつて調べた、妖怪に狙われる身体部位の中でも、背中の上部中央は狙われやすく、また魂の抜ける場所として認識されていたことが想起される。*36

では風が身体に入ると、どのような症状が生じるのだろう。東洋医学の主流である、傷《しょう》寒《かん》論系医学に属する「傷寒雑病論」の雑病に該当するものとして、『金匱要略《きんきようりゃく》』がある。『金匱要略』は東漢時代（二一五～二二〇）に張仲景《ちょうちゅうけい》が記した『傷寒雑病論』の「雑病」すなわち慢性疾患の部分であり、傷寒つまり急性熱病性疾患と対をなしている。それに基づいて、北宋時代に『金匱要略方論』が校訂編纂された。風の病いの記述には、「邪が絡《らく》にあれば肌膚がしびれ、邪が経《けい》にあれば身体が重くなって動かず、邪が府《ふ》に入れば意識がわからなくなり、邪が臓に入ると言葉が伝えられなくなり、口から涎《よだれ》を吐く」という。[*37]

身体は鬼、鬼魅だけでなく「風」にも狙われ、背中から侵入して五臓に病いをもたらすものとみなされてきた。こうした東洋医学の考えは、日本の状況に見合うように編集され、平安時代に日本で最古の医学書である丹波康頼《たんばのやすより》の『医心方』にまとめられる。[*38]

## 鍼灸のツボと狙われる身体部位

妖怪・悪霊に関連する伝承のある身体部位を図に示してみると（図2-1）、身体のほぼすべては妖怪に狙われる部位といってもよいほど、事例は全身に及んでいる。[*39] ここで同じように全身に及んでいる、鍼灸のツボを参照してみよう。俗にツボと呼ばれる経穴《けいけつ》は、体表面の至るところにあり、その数は一年の日数にあてて、三六五が標準とされる。[*40]

鍼灸のツボは、機能的には主に二つのカテゴリーからなる。一つは、不調がある部位近くに存在し、ツボの周辺の身体部位に影響を与えるもの。もう一つは、ツボから離れた身体部位にも影響を与えるものである。後者のツボは、一般的に肘から指先にかけて、そして膝から爪先にかけて位置している。それらは臓腑の病いのさいに、その臓腑に関わるラインすなわち経絡に沿って必ず反応が現れるところで、そのライン上にある重要なポイントにあたるツボを原穴《げんけつ》ともいう。これらのラインとそのライン上のツボには五行の性格が配当され、井《せい》穴・栄《えい》穴・兪《ゆ》穴・経《けい》穴・合《ごう》穴なるものが存在する。井は「出るところ」、栄は「流れるところ」、兪は「注ぐところ」、経は「行くところ」、合は「入るところ」というように経絡の流注《るちゅう》の特質が規定されている。*41

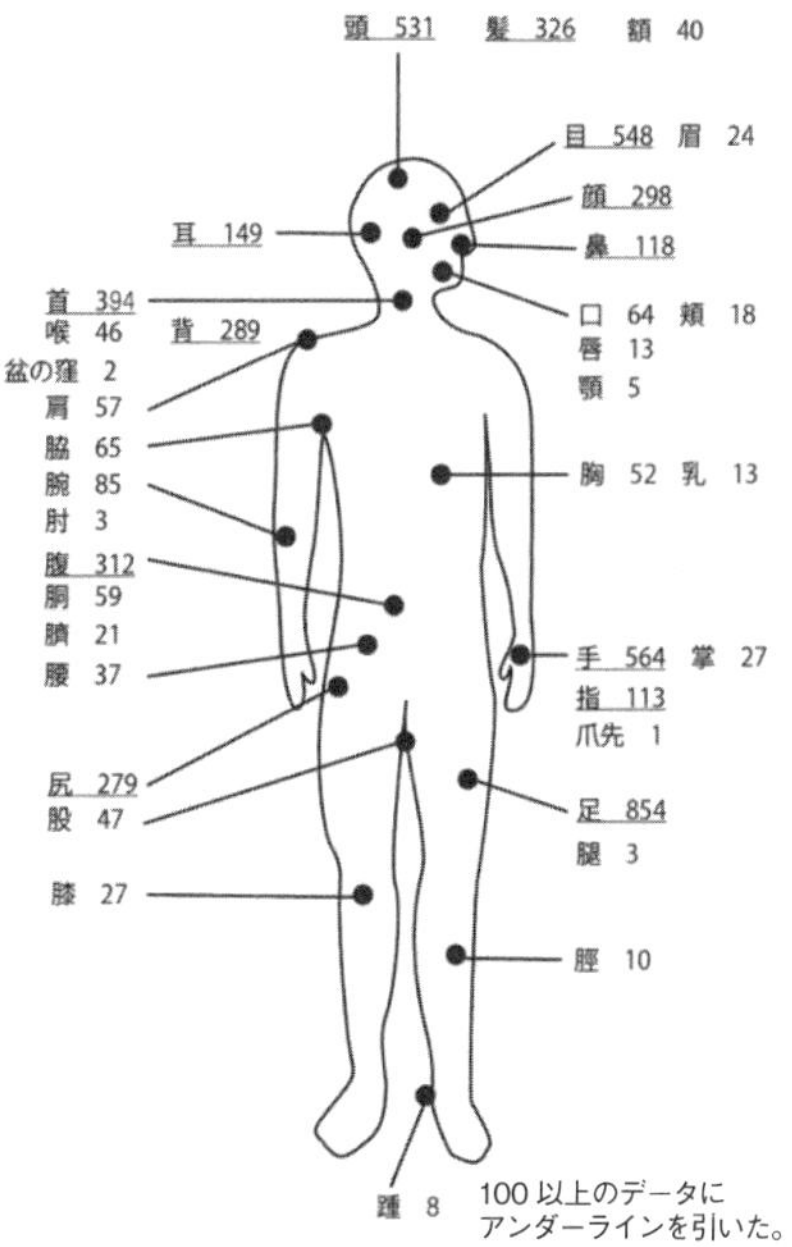

図2－1　身体各部位のデータ数（安井眞奈美『怪異と身体の民俗学――異界から出産と子育てを問い直す』せりか書房、2014年、210頁より）

このように身体のツボに、「出るところ」「入るところ」といった特質が規定されているのは、「狙われた身体」を考えるうえで興味深い。

腹、背中、脚などに

は、健康を保ち病気を予防するためのツボがある。背中には、背骨に沿ってその側《そば》に順番にツボがある。また腹にもツボがある。臍《へそ》もツボであるが、ここに鍼を刺すことはなく、代わりに灸を据える。膝のあたりには足三里《あしさんり》のツボがある。これは疲れを解消し、免疫力を高める重要なツボである。

このように鍼灸のツボには治療を目的としたものと、予防を目的としたものがある。この考えを敷衍《ふえん》させれば、「妖怪に狙われる身体」の伝承や身体に関する俗信なども、襲われたあとの対処法として、また万一のときに警戒するための予防法として読み解くことができるのかもしれない。

その点を念頭におき、第三章では、蛇に狙われる女性の伝承を見ていくことにしたい。

# 第三章　蛇に狙われる女性

## 耳を出入りする蛇

日本では古くから身体に動物の霊が取り憑く現象が広く見られ、数々の記録にも残されている。犬神や狐などの動物霊が憑依したことによって心身に不調がもたらされるとき、そこには宗教者が深く関わっていた。かつて小松和彦が『悪霊論』にて指摘した通り、「ある人間の状態を憑霊状態と認知するのは宗教者たちであり、また憑いている神霊にさまざまな働きかけをすることができるのも彼らであった」という。[*1] また犬神や狐などの動物霊は、肩や背中など特定の身体部位に憑くとみなされることが多かったが、そのように判断した根拠にも、祈禱を行う宗教者が関わっていたと考えられる。

悪霊が憑くことによって病気が生じるという信仰が最も盛んだったのは、平安から中世にかけての時代であり、それは密教の隆盛と不可分の関係にあった。密教僧が病気の原因を悪霊の憑依と判断し、それを祓《はら》い落とす調伏《ちょうぶく》儀礼を行ったからである。[*2]

図3-1は、学問の神として名高い菅原道真（八四五～九〇三）を祀る京都の北野天満宮の絵巻『北野天神縁起』（承久本、一三世紀初頭）をもとに、江戸時代後期の絵師土佐《とさ》光芳《みつよし》（一七〇〇～一七七二）が描いた「北野聖廟縁起《きたのせいびょうえんぎ》」の一場面である。道真は太宰府に左遷さ

図3－1　両耳から出る青竜（「北野聖廟縁起」国文学研究資料館所蔵、DOI：10.20730/200015372）

れ、この地で横死する。絵巻の場面では、道真を左遷に追いやった藤原時平（八七一～九〇九）が病気に伏しており、時平の快復のために僧が招聘され祈禱を行っている。すると菅原道真の怨霊が二匹の蛇となって示現し、時平の耳から現れ、僧に祈禱をやめて立ち去るように脅す。僧が祈禱を中断して立ち去ると、時平は間もなく亡くなってしまう。

『北野天神縁起』（承久本）絵巻の詞書を参照すると、「大臣の左右の耳より、青竜の頸《くび》を差し出でゝ」（巻六第一段）とあり、時平の耳から出てきたのは蛇ではなく青竜であることがわかる。[*3] ここで注目したいのは青竜の頭の向きである。二匹の青竜は、人間の耳から頭を入れて侵入しようとしているのではなく、人間の耳から頭を出して身体の外部に出ようとしている。青竜は、道真の怨霊を視覚的に表現しているが、それにしてもなぜ両耳から出てきたのだろうか。「狙われた身体部位」は耳ではなくほかの身体部位、たとえば時平の口や鼻孔から、あるいは背中から二匹の細い青竜が現れてもよかったわけである。しかし口や鼻孔から蛇が出てくる様子を描けば、時平の表情や顔そのものの描写を損なう可能性がある。それゆえ絵師は、絵画として成立させるために、あえて両耳から青竜が出てくる構図を選択したとも考えられる。怨霊に狙われた身体を描く際には、どの身体部位が狙われやすかったかという身体観だけではなく、絵画として成立するかという絵画表現の要素も加わっていたことが窺える。

『北野天神縁起』が描かれた中世に、妖怪・悪霊は耳のような穴の開いた身体部位から出入りするという伝承は、ほかにもあったのだろうか。中世の代表的な物語集である『今昔物語集』には、日本の伝承を集めた「本朝付世俗編」があるが、耳から妖怪・悪霊が出入りするという伝承は見当たらない。[*4]

参考までに、これまで民俗学が蓄積してきた耳に関する怪異伝承を見てみると、死の予兆に関するものが多いことがわかる。たとえば「耳の中でジンジンと耳鳴りがすると同年代の人が死んだ」など、身近な人の死を予兆するものである。耳は、この世とあの世の境界に関する情報を、いち早く察知する身体部位であった。[*5] 小池淳一は、耳のフォークロアは耳の聴覚的な機能ばかりではなく、外見、すなわち耳のかたちや状態も問題となり、視覚的な情報もふまえて伝えられてきたことを指摘している。[*6] 悪霊が出入りする身体部位を絵巻に描く際、外部に開かれた穴という耳の視覚的な特徴は重要であったと考えられる。

『北野天神縁起』の絵巻に描かれたような、耳から青竜や蛇が出てくる伝承を、その後の伝承に見つけることは難しい。『北野天神縁起』の絵画表現が特異だったのか、あるいは青竜や蛇が出入りする身体部位が、耳からほかの身体部位へと変わっていったからなのか。その点を考察するために、次に蛇に狙われる女性の事例を検討したい。

## 女性と子どもが狙われる

昭和一一（一九三六）年、『旅と伝説』一〇六号に蛇に襲われた女性の記事が掲載された。『旅と伝説』は、伝説の寄稿を広く呼びかけて誌面づくりを行った、昭和三（一九二八）年に創刊された雑誌である。途中から民俗学者の柳田國男らも寄稿するようになって、各地の伝承が蓄積されるようになった。次に示すのは、そのような雑誌に掲載された記事である。

昭和一一年七月三〇日、寄稿者の中市謙三が第二回民俗学会に参加するため、青森県小川原沼通いの発動機船で船着き場に到着する。ここから一里（約四キロメートル）先の平沼という場所へ徒歩で移動し、巡礼供養塔の拓本をとるのが目的であった。日が暮れかかって雨が降り出したとき、一人の媼《ばあ》さんが道づれになった。以下、媼さんから聞いた話が紹介される。

二三日前、野辺地で一つの怪異な悲劇があった。それは田に働く女がもつぺを洗濯して、乾かしながら昼寝をした。起きてみると何やら変だ、腰の辺りがつまる。寝てる間に蛇が這入《はい》った。尾は未だ少し出てるので力の限り引くが出て来ない。医者に行ったがなおらぬ。市の県立病院へ行ったら酒を呑ましたが、とうとう蛇は下らず、その女は死んだのである。老媼にきくと、そうした場合、昔は酒を三升のませて腰をもむとなおると云い、又蛇のもぐってる筋をさがして、尻の方を鍋尻でぽんと叩くと蛇が二つに折れて下る、この二法があるという事であった。[*7]（著者注：適宜句読点を補い、改行を改めた）

この報告によると、田んぼで働いていた女性が、履いていたもんぺを脱いで洗濯し、昼寝をしている間に蛇が「腰の辺り」に入って、抜けずに死んでしまったという。

この話は「二、三日前」に実際に起きたこととして紹介されており、話の信憑性を高めるのに一役買っている。「蛇が這入った」とされる身体部位については明言は避けられているが、蛇は女性器に入り込んだのだろう。蛇を引っ張っても抜けず、医者も手の施しようがなく、県立病院では酒を呑ますという荒療治を試すが、そのかいもなく女性は死んでしまう。

この伝承で「狙われた身体」とは、外で昼寝をしていた女性である。実際に、昼寝の途中に蛇に襲われるようなことが起きたのかどうかは、ひとまず保留にするとして、蛇が女性器を襲ったことは「怪異な悲劇」として捉えられている。

柳田國男は『遠野物語』の中で、「黄昏《タソガレ》に女や子共《コドモ》の家の外に出て居る者はよく神隠しにあふことは他《ヨソ》の国々と同じ」と、女性や子どもが神隠しに遭いやすいことを記した。*8

「狙われた」のは女性や子どもであり、突然、行方知れずになることを、かつては「神隠し」と称した。『遠野物語』には「サムトの婆」をはじめ、神隠しにあった女性たちが、「山男」や「鬼」に連れ去られたことが暗示されている。

小松和彦は、神隠しに遭った子どもたちが、異界から戻ってきて語る異界についての情報が、断片的かつ類型的で、子どもをさらう隠し神のほとんどが天狗であることに注目している。小松は、神隠しに遭う子どもの圧倒的多数を男の子が占めていたことから、「天狗は男の子供を好むと民俗社会の人びとには考えられていた」と指摘し、「それは天狗の主要な目的が、天狗の性愛の相手にするためであるという観念が流布していたことによっている」と分析する。[*9] 女性は山男の子孫を残すため、また子どもは天狗の性愛の相手といった理由などから、神隠しに遭いやすいとみなされた。

現在であれば、誰かが行方不明となれば、家族がすぐに警察へ捜索願（現行は「行方不明者届」）を出すだろう。しかし、かつての村落社会であれば、民俗学者の宮本常一が報告したように、行方不明になった子どもは、まずはその村の人々が手分けして探した。[*10] 子どもが行きそうな場所は日ごろから村の大人たちが把握していて、しかも誰かがリーダーとなって指示を出さずとも、皆がうまく分かれて別々のところを探索し、子どもを見つけ出すことができた。

似たような事例は、宮崎駿の映画『となりのトトロ』にも描かれている。入院中の母に一人で会いに行こうとして行方不明になった幼い女の子のメイを、姉のサツキをはじめ、村の人々が必死になって探し回るシーンである。

このような探索は、必ずしも数十年前の過去のものではない。二〇一八年八月、宮本常一の故郷である周防大島で、帰省中の二歳の子どもが祖父らと家を出て一人で戻ろうとし、そのまま行方不明になった。地元では県警が一五〇人態勢で川や溜池、山林などを捜索したが見つからない。生死が危ぶまれる中、捜索のボランティアに来ていた大分県の七八歳の男性が、山林の岩の近くでうずくまっている子どもを発見した。この男性は、かつても子どもの捜索に加わったときに、子どもが道を上へ上へと登っていく習性があることを知り、今回もそうではないかと予想して探したのだという。無事に子どもを発見できたのは、地形や気象、子どもの行動などに関するこの男性の知識と経験のおかげといえるが、かつてはこのような「民俗知」をもった人が各地にいたのである。

## 蛇が侵入する

昼寝中に蛇に狙われた女性の話は、興味深いことに『ドルメン』という雑誌にも報告された。雑誌『ドルメン』は、人類学、考古学、民俗学その他関連分野に携わる人々をつなぐ一般の雑誌として、世界各地で造られた巨石墓の名称を借りて、昭和七（一九三二）年に創刊された。創刊して二年目の『ドルメン』九月号に伊藤芳道の「娘と蝮《まむし》」が掲載される。[*11] 要約すると、次のような内容になる。

大正八（一九一九）年九月三日、北海道空知郡西達布《ニシタップ》村の二〇歳になる商家の娘が、近所の友と草摘みに出かけ、昼寝をしている間に「はみ」とも呼ばれる毒をもったマムシに襲われた。彼女は、病院にかつぎ込まれたが亡くなってしまう。若くて美人の娘がマムシにより死を遂げたというので話題になった。事件の一ヶ月後には、事件にちなんだ写真入りの単行本が刊行され、処置と解剖を担当した医師の所見などが詳しく紹介された。

このような内容の報告が、単行本から医師の所見などを多数引用する形で構成されている。詳細は不明であるが、二〇歳の美しい娘がマムシに襲われて死亡したというショッキングな事件は、人々の関心を大いに惹いたことだろう。

この記事が掲載された翌一〇月の『ドルメン』にも、「婦人と蛇」と題した小さな記事の投稿があった。[*12]「淑石生」と名乗る人物は、「娘と蝮」の記事を、猟奇的な事件ではなく民俗学の事例として興味深く読んだとし、大和で最初の新聞『和州日記新聞』第五号に掲載された同様の記事を抜粋している。そして、蛇は鱗があるので穴に這い入ると引っ張ってもなかなか抜けないという蛇の生態を示し、「今後の婦人は皆ズロースをはいてゐるからこんな事件は起らないと思ふ」と締めくくっている。

この話は再び人々の関心を惹いたとみえ、翌一一月号にも「婦人と蛇」(左夫留児)と題した報告が、[*13]さらに翌号の『ドルメン』にも、匿名・Sによる「婦人と蛇について」[*14]、高橋照之助の「蛇と娘に就《つい》て真実の話」が掲載される。

「蛇と娘に就て真実の話」は、大正一四（一九二五）年ごろ、元官軍の老人から聞いた話として紹介されている。娘の性器にアオダイショウが徐々に入るところを、老人が手早く燐寸《マッチ》に火をつけて退散させたという。アオダイショウは、緑色をした本州最大の蛇であり、毒はない。昼間に活動するため、人が出くわすことも少なくはなかった。報告は、「蛇に這入られたのは真夏の昼時で、畑に茶摘みに行つたが、毎日の労働の激しさで遂にウト〳〵して居る一寸の間であつたとか」（読点は筆者による）と結んでいる。[*15]「娘」「茶摘み」「真夏の昼時」「昼寝」「マムシ」もしくは「蛇」「アオダイショウ」といったキーワードによって語られる伝承が、生み出されていたことがわかる。

翌年の一月号には、湯巻（腰巻）の紐で縛って引けば蛇を引き出せるという、女性器から蛇を引き出す方法が紹介される。[*16]湯巻とは、入浴するときに腰に巻いた下衣である。さらに、女性器に入った蛇は引き出そうとすると鱗が逆立ち、内壁に引っかかって出ないという、蛇の生態と関連づけた点が、ここでも指摘される。

蛇に狙われる女性の話は、蛇の鱗が逆立って女性器の内壁に引っかかるという、身体感覚にも根差した、まことしやかな説明がつけられて語られるようになる。

## 蛇とズロース

ここまで、蛇が女性器に侵入する投稿記事をまとめて紹介した。記事が投稿された一九三〇年代の状況を少し押さえておきたい。

柳田國男は、昭和一〇（一九三五）年に出した『遠野物語　増補版』の中の『遠野物語拾遺』にて、若い娘が草を取っていたときに、蛇が娘の内股で動いていたという話を紹介している。

数年前栗橋村分《ぶん》の長根という部落でヒラクゾの某という若い娘が、畑の草を取っていながら、何事か嬉しそうに独り言を言って笑っているので、いっしょに行った者が気をつけて見ていると何か柴のような物が娘の内股の辺で頭を突き上げて動いている。それは山かがしであったから、人を呼んで打ち殺したという。*17

この話では、とくに娘が怪我をしたとか、死んでしまったなどとは記されていない。むしろ「嬉しそうに独り言を言って笑っている」という表現から、娘が性的な快楽を得ていたり、男の幻影と戯れているかもしれない状況が浮かび上がってくる。また蛇も、マムシやアオダイショウとは異なり、ヤマカガシである。

先述した中市謙三の報告が『旅と伝説』に掲載されたのは一九三六年、『遠野物語拾遺』が出された翌年のことである。両者の関連はわからないが、一九三〇年代においても、「若い女性」を狙ったアオダイショウやマムシなどは、ごく身近な存在であった。

マムシの毒は強く、咬まれると死亡することもあり、昔から恐れられていた。日本には、マムシのほかにも沖縄・奄美諸島に棲むハブや、八重山諸島に棲むサキシマハブ、奄美諸島や沖縄諸島に棲むヒメハブなどの毒ヘビがいる。[*18] 長澤武によると、農山村ではシマヘビやマムシなどを薬用にしたので需要も多く、ヘビ捕りを専門とする人が各地にいた。マムシ捕りに良い季節は梅雨時で、マムシは乾燥した山手の岩場、古い石積み、草を刈って積んだ上などに好んで棲息し、風がなくむれて汗ばむような日や、どんより曇って明日は雨かと思われるような日、または長く雨が降ったあとに良い天気になったときなどによく現れたという。[*19] 逆にいうと、そのようなときは、マムシなどの出現に注意が必要であった。

また『遠野物語拾遺』に登場したヤマカガシは、日本全国に生息し、かつては無毒のヘビとされ、アオダイショウ、シマヘビとともにごく普通に人家近くで見られた。ところが、一九八四（昭和五九）年に中学生がヤマカガシに咬まれ、死亡する事故が起きた。それ以

図3－2 田んぼの水面に映る女性器（前田麦二「田植え」『画文集 徳山の思い出』マツノ書店、1985年、69頁より）

降、ヤマカガシは毒性のあるヘビとされ、抗体となる血清も開発された。[20]

一九三〇年代当時、女性たちは、着物の下に下着を着けないことが多かった。先述した報告の中で「今後の婦人は皆ズロースをはいてゐるからこんな事件は起らないと思ふ」（淑石生）と指摘しているように[21]、腰巻に代わるズロース、つまりパンツが広がりつつあった。とはいえ、一九三〇年代初めにパンツをはいている女性はまだ少数であった。

一九三二（昭和七）年に東京日本橋の白木屋《しろきや》百貨店の四階玩具《がんぐ》売場で起きた火災について、次のような通説が出回る。女店員たちは和装の着物にパンツをはいておらず、下から覗かれれば性器が見えてしまうため、裾を押さえながら壁伝いに縄で降りようとしたところ落下してしまったというものである。[22]この通説を支える背景に、一九三〇年代ごろまでは洋服でもパンツをはかない女性がけっこういたことが挙げられる。[*23]

これは都市部の例であるが、村落部では、パンツをはかない女性はさらに多かった。山口県の画家・前田麦二は、腰をかがめて田植えをする女性の性器が、田んぼの水面にはっきりと映っている様子を描いている（図3-2）。絵の詞書に「明治から大正にかけては男は褌《ふんどし》又は猿股で局部を包んでいたが、女は腰巻といって四角の布（色は普通若い女は赤か桃色、花模様、年増の女は水色か白）に紐をつけ腰に廻してゐただけで局部は全く無防備だった」と説明している。[*24] 作業の休憩中に、このような恰好でうたた寝をしたら、たとえ裾を降ろしていたとしても隙だらけといえるだろう。

## 女性と蛇の伝承

女性器に蛇が侵入する伝承は古くから存在しており、一二世紀前半に成立した『今昔物語集』二四（本朝付世俗）にもいくつか見られる。たとえば「嫁蛇女医師治語第九」[*25]（蛇に嫁《とつ》ぎし女を医師治せる語　第九）は、若い娘が養蚕のために桑の木に登って葉を摘んでいたら、桑の木の元に大蛇が纏《まと》わりつき、娘が木より飛び降りるやいなや、蛇が娘の女性器に入って抜けなくなるという話である。医師が煎じた薬を女性器に入れると蛇は離れるが、蛇の子どもがまだうごめいており、やがてこれも薬で退治される。また、日本最初の仏教説話集である平安時代初期の『日本国現報善悪霊異記《にほんこくげんほうぜんあくりょういき》』（日本霊異記、九世紀前半）にも、「女人《にょにん》の大きなる蛇《へみ》に婚《くながひ》せられ、薬の力に頼りて、命を全くすること得し縁」と題した同様の説話があり、[26]薬によって女性器から蛇が取り出される様子が記されている。

　三輪山神話では蛇が男に変身して娘に神の子を宿し、また昔話の「蛇婿入」は『古事記』『日本書紀』にも見られる。異類と結婚する主題の異類婚姻譚の中でも、「蛇婿入」は数多く見られる。

　蛇が女性を好む話は中国にも伝承されている。清の兪蛟《ゆこう》『夢厂《ぼうかん》雑著』巻四の「蚺蛇《ぜんだ》」では、蚺蛇の好色の性格が強調され、女性とあらば追いかけて、絡みついて離れないという。被害に遭った女性の多くは死ぬか、あるいは蛇を産むことになる。そのため村の女性たちは、山に薪採りに行く際には、距離に応じて身に着けるスカートの数を増やし、蛇に追いかけられると、スカートをひとつ脱いで蛇の頭に被せて逃げ走ったという。しばらくすると蛇は気づいてまた追いかけてくるので、同じようにスカートを脱いでは被せたという。[27]

　常光徹は、動物や人間（とくに女性）の体内に蛇が入り込んだ話は室町時代の『看聞日記《かんもんにっき》』に記された風聞をはじめ古くからあり、江戸中期の随筆である『耳袋《みみぶくろ》』にも「すべて蛇の、穴に入らんとするは更なり、男女のぜんご陰中へ時として入る事もあるよし。是《これ》を出さんと尾を取りてあとへ引くに、決して出ざるものなり。医書にも「胡椒《こしょう》の粉いささか蛇の残りし所へ附《つく》れば、出ること妙なり」とありしが、夫《それ》よりも煙草のやにを附れば、端的に出るなりと、山崎生の物語りなり」と、「胡椒」の粉や煙草のやにを附けて蛇を体内から出そうとしたことを紹介している。[*28] 煙草のやにについては、南方熊楠も『十二支考』の蛇の項目の中で言及している。南方は、女子の陰門に蛇が入ったのは水蛇のことで、田舎の婦女であっても水辺に尿をしてはならないと記した『さへづり草』を引用している。
そして、水蛇について台湾は別として、本土には一種類もいなかったことを報告している。[*29]
また常光徹は、四万十川の流域で出会った明治三五（一九〇二）年生まれの今朝道爺《けさみち》さん（本名、石井今朝道）から聞いた次のような話を紹介している。「女は山で昼寝せられん。もし蛇が尻《しり》に入ったら大事《おおごと》になる。腰がつり上がるほど引っ張っても抜けんが、左手で耳たぶをつまんで引っ張ったら抜ける」という。[*30] 常光は、左手で耳たぶをつまんで引っ張るという特殊なしぐさに注目する。そして柳田國男の「にが手の話」を参照し、「勝目のない相手」を意味する「苦手」の語の用法の前身は、マムシ（ハメ）をつかまえる特別の能力を具《そな》えた手の伝承に基づくのではないかと推測する。ニガ手の持ち主は、指の第一関節のみを曲げて他の関節は伸ばしたまま、これを五本揃《そろ》えて熊手《くまで》のような形にすることができるという。ニガ手は、蛇が鎌首をもたげた姿を象徴しており、左手で右の耳をつかむのは逆さま（反対）の呪法の一つであるという。[*31]

このように蛇は、女性器だけではなく尻にも入ると認識されており、それを抜くための具体的なしぐさまでもが伝承されてきたことはたいへん興味深い。蛇が体内に侵入することが、決して珍しい事態とは捉えられていなかったことがわかる。

## 蛇を抜き取る前掛け

女性器に入った蛇を抜き取る方法は、ほかにも各地で語り継がれていた。山口県の相島では結婚して嫁入りした女性に、その家の姑が前掛けを贈る習俗がある。前掛けは姑の手作りであり、三枚の布を横に並べて縫い合わせた三巾前掛で、布の先端が三角形にして内側に折り込まれている（図3-3、図3-4）。その理由は、昼寝などをしていて蛇が女性器に入ったときに、布が二重になっている部分を用いて蛇の尻尾をつかんで抜くためという。

昼寝をしている女性の性器に蛇が入るという事態は、前掛けに独特の意匠を生み出すほど、よく起こったことなのだろうか。あるいは年若い女性たちに、野外で昼寝などするときに警戒を促すための意匠だったのだろうか。相島の女性の仕事姿は、一九七〇年代まで紺がすりの長い着物と三巾前掛、姉さんかぶりにモンペあるいは手甲、脚絆《きゃはん》であった。[32] 三巾前掛は、普通の前掛けよりも幅広で、胴の横までたっぷりと回り、暖かいことから人気であった。たくさんの三巾前掛を持っているほど衣装持ちとされ、多い人は二〇〜三〇枚を取り換えて着用していたという。その一枚ずつに蛇を抜くための角がきちんと折られており、蛇に襲われたときに身を守るという俗信にちなんだものとされる。

相島で調査を行った民俗学者の中野紀和氏は、北九州市の近郊地域にも同様の伝承があることを教えてくれた。女性器に入った蛇を引っ張って抜こうとすると、蛇の鱗が逆立っ

図３－３　三巾前掛（山口県相島、中野紀和氏撮影）

図３－４　蛇をつかむための三巾前掛の折り目（山口県相島、中野紀和氏撮影）

て女性器に突き刺さり、ますます抜けなくなって痛みが増すという伝承である。一九三〇年代の『ドルメン』に掲載されていた報告とほぼ同じ内容で、蛇の鱗が刺さるという点も含めて具体的に語り継がれていたことがわかる。

現代の民話を収集した松谷みよ子は、『木霊・蛇ほか』（現代民話考九）の中で蛇に女性が襲われたり、蛇の子を産んだりする各地の伝承を紹介している。松谷は、初めて「現代民話考」が掲載されたときのテーマが「上下二つの口」であったことを述懐している。

> 山小屋でいる男たちのところへ若い女が火に当ててとやってくる。はじめは行儀よくしていた女は、次第に色っぽいしぐさをし、またをひろげて居眠りをはじめる。と、その下の口が、ほうっとあくびをした。妖しい奴めと打ちのめすと、それは二匹の狸、または狐が肩車して一人の女に化けていたものだった。
>
> これが上下二つの口である。女の下着がまだ開放的だった時代でなくては成立しない話である。[*33]

松谷は、「何故「上下二つの口」などという、いってみればいろばなしの要素もふくまれる話を、私は第一回目に置いたか」という理由を、「民衆自身が、意識するとしないとにかかわらず、ひとりひとりが語り部であり、新たな民話を生み出している」という側面にも光を当ててみたかったからだと述べている。[*34] 娘が蛇に襲われる話もこれと同様に、「ひとりひとりが語り部」となって「新たな民話」を生み出してみたいという欲求に駆られるテーマだったといえる。

## 一九三〇年代の「狙われた性器」

昼寝中に女性器に蛇が入るという話は、蛇の鱗が粘膜に刺さるといった身体感覚を伴い、よりいっそう人々の好奇心をかき立てるようになったと考えられる。身体に憑依した悪霊を祓うには、調伏儀礼のために宗教者が呼ばれたが、昼寝中の女性の性器に蛇が入った場合は、村の物知りか病院の医師がこれに対処した。医師も宗教者と同様、一連の伝承を成立させるために、重要な役割を果たしてきたといえる。

「蛇に狙われた女性器」の話は、日常生活の中で、蛇が身近な存在であった一九三〇年代に集中して報告された。当時の村落部では、蛇に気を付けることは、ごくあたりまえのことであった。

中市謙三は、蛇が性器に入って女性が死亡する事件を一九三六年に聞いている。一九三六年は偶然にも、阿部定《あべさだ》事件が起きた年である。愛憎なかばに恋人の男性器を切り取った事件は当時の人々を震撼させ、その後、小説や映画にもなった。男性器を切り取る行為は去勢を彷彿《ほうふつ》させ、猟奇的な事件として捉えられた。「蛇に狙われた女性器」の話においても女性は襲われ、多くの場合女性は亡くなっている。もしかしたら蛇ではなく男性に襲われたのかもしれないが、真相はわからない。都合よく「蛇に狙われた女性器」の話が存在していたため、それに当てはめて語られるようになったのかもしれない。

阿部定事件と、蛇に狙われて亡くなった女性たちの事件。これらの出来事がまったく同年に生じ、いずれも集中的に語られていたのは興味深い。一方は大きな話題を呼び、もう一方は民俗社会の語りの枠に落とし込まれ、全国各地で同様の伝承が広まっている。後者の場合、饒舌に語っているのは、女性を治療した医師の話や地元での噂を人づてに聞き、さらに尾ひれをつけて語り継いだ男性たちである。性に対する非対称的な意識のありようは、狙われる身体が、多くの場合、女性の身体であったことに由来する。

蛇に狙われた女性自身の声は、多くの場合、亡くなってしまったからではあるが、記録されてはいない。たとえ運よく生きていたとしても、おそらく取り上げられはしなかっただろう。それは本当に蛇だったのか、野外で昼寝しているときに、近くを通りかかった男に襲われたのではなかったのか。大いに気になるところである。

# 第四章　妖怪とジェンダー

## 蛇になる女

第三章では、蛇に狙われた女性の話を、おもに一九三〇年代の報告を中心に取り上げた。蛇が女性器に侵入する話は古くは『日本国現報善悪霊異記』にあり、近世文学や民間伝承においても繰り返し語られた素材であった。

しかし、いつも女性だけが狙われてきたわけではない。女性の方が怨みや嫉妬から妖怪へと変化《へんげ》し、あるいは生霊《いきりょう》となって男性を狙う物語は多数存在する。たとえば一一世紀の『法華験記《ほっけげんき》』そして『今昔物語集』に由来し、能や歌舞伎の「道成寺《どうじょうじ》もの」として知られる僧侶・安珍と清姫の物語が挙げられる。[*1] 国際日本文化研究センター所蔵の二種の『道成寺縁起』の絵巻（上・中・下巻本、全巻本）には、安珍を追う清姫が怒り狂って蛇の形相になり、着物を脱ぎ棄て、川に入って大蛇となる様子が描かれている。あらすじは次のようなものである（上・中・下巻本）。

安珍は、毎年熊野へ参詣する途中、真那古《まなご》の庄司清次という郷士の家を定宿としていたが、冗談がもとで一人娘の清姫から結婚を迫られ、苦し紛れの口約束をして逃げ

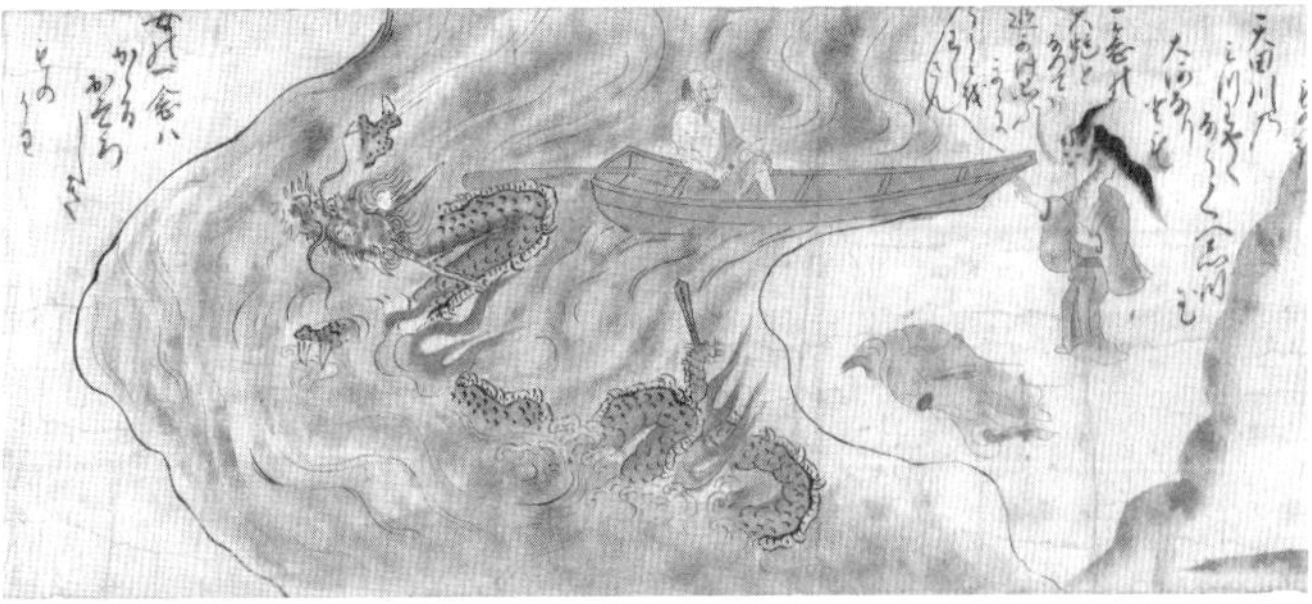

図４－１　安珍を追って川に入った清姫（製作者不明「道成寺縁起」、全巻本、国際日本文化研究センター所蔵）

図４－２　大蛇となった清姫（製作者不明「道成寺縁起」、全巻本、国際日本文化研究センター所蔵）

出す。清姫は怒りのあまり蛇の姿となって追う。安珍は道成寺の鐘の中に逃げこむが、蛇は鐘を取り巻き、炎を吐いて中の安珍を焼き殺してしまった。二人は道成寺の僧の夢にあらわれて法華経供養を願い、やがて法事の功徳で成仏した。[*2]

図4-1は、『道成寺縁起』（全巻本）の、清姫が大河に入り大蛇となって安珍を追う場面である。「女の一念ハか丶るおそろしきものかわ」（女の一念とはかように恐しいものだろうか）と記されている。図4-2は、大蛇となった清姫が鐘を取り巻き、安珍を焼き殺そうとしている場面である。怨みや執念から女が蛇になって男を襲い、男は大蛇に追われて逃げる——これはまさに「狙われた男」の物語といえる。鐘の中で安珍は焼き殺され、大蛇となった清姫も死んでしまう。

「狙われた男」に対して「狙う女」は、強い怒りと恨みの念によって蛇に化ける。高田衛は、『因果物語』（片仮名本、寛文元［一六六一］年ごろ）の上冊第五話に、「妬深《ねたみふかき》女の死して男を取り殺す事、付女死して蛇と為《なり》男を巻く事」として収められた三つの話のうち、死去した前妻の、男への一念が蛇となって現れ、男につきまとった話を取り上げ、後妻が前妻の「姪」であったがゆえに、一層こじれた嫉妬の話になっていると分析する。[*3]死去した女人の怨念が蛇となって男に纏《まと》いつく話は、怪異説話の中の一話型であり、道成寺説話や蛇女房譚との関連が指摘されるが、高田衛いわく、その背景には、嫉妬する〈女〉が〈蛇〉となって顕現するという考え方があるという。[*4] また堤邦彦によると、女たち本人が気づかない無意識の世界で、一人の男をめぐる二人の女の嫉妬の念が相互に激しく戦いあい、ときには彼女たちの髪がそれぞれ蛇と転じて戦うこともあったという。[*5] 堤は、このような話を「蛇髪譚《だはつたん》」と名付けている。

伝承における女の嫉妬は、無意識のうちに髪の毛を蛇に変えて戦いを挑むほど強力であった。高田衛は、近世前期にさまざまな怪談集が出た中で男女の愛執を、とくに女の嫉妬と怨念を物語るハナシが異常に増える、という現象があることに注目する。そして民俗学者の赤松啓介が、中世を女の「嫉妬が病となった時代」、近世はその「病の徹底した時代」と指摘したことを踏まえて、[*6] 女の嫉妬に解決のみちがないことが、幽霊譚・怨霊譚の背景になったとし、そこに常に「蛇」の話題がからまることを指摘している。[*7] 女の嫉妬に解決のみちがなく、女は蛇に化けて男を狙う。追い詰められた女の行き場のなさが背景にある。

とはいえ、なぜ蛇なのか。堤邦彦は「蛇になる女」たちの物語、つまり日本の蛇婦譚《だふたん》を、近世文芸を中心に幅広い分野と時代を見据えて分析し、「蛇」を人間の執着心などの象徴として解釈する意味付けの行為は、女人蛇体の文化記号ともいうべき現象であり、蛇の物語史を読み解くために欠かせないキーワードであると指摘する。[*8] そして女人蛇体を生み出した文化背景として、第一に室町後期の仏教唱導に始まり、江戸期の寺坊に語りの輪を広げた宗教的な妬婦蛇身譚《とふだしんたん》の系譜を挙げ、第二に地方村落において、唱導話材としての蛇身譚や蛇のアニミズム伝承に対する民衆レベルの読み替え現象が進行し、各地で女人成仏の思想を本源とする〈蛇になる女〉の民談が語られるようになった点を挙げる。さらに三つ目の観点として、文学、芸能の領域に現れる女と蛇の怪異幻想の流れを挙げ、次のようにまとめている。*9

僧坊に花開いた女人教化の伝統は、室町～江戸期のお伽草子、奈良絵本《ならえほん》、古浄瑠璃《こじょうるり》の作品世界に、恋の苦悩や執着、嫉妬の心ゆえに鬼となり、蛇と化した女の物語を生み出し、彼女たちの救済と解脱を描く仏教文学へと展開することになる。そしてさらに、その延長線上に十七、八世紀の怪異小説、戯作や歌舞伎・浄瑠璃に潤色された蛇身の妬婦の文芸テーマが生成したとみるのが、文学史の潮流を念頭に置いた鳥瞰図《ちょうかんず》であろう。

蛇になる女の物語は、このような複雑に絡み合った時代背景を経て文芸のテーマとなり、江戸の絵師たちの画材となり、また蛇や鱗形《うろこがた》文様をも生み出していったことが明らかにされる。蛇になる女の話は、蛇に狙われる女の話よりも、はるかに多様な分野で取り上げられ、さまざまなジャンルで語られ、また演じられていった。

## 沖縄の「道成寺譚」

「蛇になる女」たちの物語の根幹の一つとなった「道成寺もの」の、地方における展開の一例として、沖縄の『執心鐘入《しゅうしんかねいり》』を取り上げたい。「道成寺もの」ではあるが、女は蛇ではなく鬼となる点に注目する。

勝方＝稲福恵子は、安珍・清姫の説話をもとに一七一九年に玉城朝薫《たまぐすくちょうくん》が作った組踊《くみおどり》である『執心鐘入』を、歴史的・地理的背景の相違を考慮しながら分析している。[*10] 以下、勝方＝稲福の研究を参照し、沖縄版の安珍・清姫の物語を見ていきたい。

『執心鐘入』に登場するのは、美貌で名を馳せている中城若松《なかぐすくわかまつ》と、若松より年上で一六歳の、「宿の女」とのみ記された山里の猟師の娘である。娘は、若松との恋を成就させたい一心で、首里王府へ出仕する若松を末吉寺《すえよしでら》の境内まで追い詰める。しかし、小坊主たちに「女はご法度」（女人禁制）と妨害され、徐々に「鬼」に変身する。[*11]

『執心鐘入』が作られた一八世紀初めは、「薩摩の琉球入り」をきっかけに、沖縄では、聞得大君《きこえおおぎみ》を頂点とした神権政治から祭政一致の政治となり、やがて仏教・儒教イデオロギーによる新しい政治体制に代わるという、凝縮したかたちで時代の変遷が起こった。*12ここで、女が蛇ではなく、鬼に変化する点は重要であろう。蛇に変化する女の伝承では、先行研究が示すように、多くの場合、女の嫉妬と怨念を物語る話となっている。では鬼の場合はどうだろうか。勝方＝稲福は次のように分析する。

政治社会の表舞台から女性の生命エネルギーが排除されることによって造形・形成される鬼＝般若《はんにゃ》は、西洋中世の魔女像の形成とも重なるものがある。仏教説話として日本じゅうあまねく流布している「道成寺譚」は、西洋的魔女物語とも共通するもので、日本における女性の「敗北」を描いた物語でもある。*13

なぜ敗北なのか。中城若松は「儒教的イデオロギーの体現者」、宿の女は「儒教的教えを逸脱した女」つまり「仏教や儒教になじまない在来宗教の化身」として表象される。そして、その葛藤を描き、女の情念を鬼のかたちに昇華させ、仏教の法力で敗退させる筋書きは、神女組織にくすぶる不満をねじ伏せおおせた王府の意を汲んだものだった、と勝方＝稲福は分析する。*14

蛇になって男を狙う道成寺譚を元にした沖縄の『執心鐘入』では、宿の女の強い嫉妬だけでなく、抑圧された在来宗教の神女組織を背景に、仏教の女人禁制のイデオロギーの中で鬼とならざるを得ない、行き場のない「女性」のやるせなさが描かれる。女性が、蛇ではなく鬼になる点が重要であり、「道成寺もの」の流れにある「女人蛇体」の物語系に回収されない沖縄の社会構造、つまり女性が最終的に敗退せざるを得ないという状況が浮かび上がってくる。

女の強い嫉妬を要因にしてさまざまな怪異譚が生み出されてきたように、怪異と女性は密接な関係にある。野村幸一郎は、「怨念を抱えたまま現世を漂う女性の霊、といったような文化表象は、性差の問題だけを告発しているわけではない」とし、「怪異現象の担い手となった女たちの表象は、その否定性を媒介として、異なる次元の問題系を誘引し、取り込み、融合する」と、〈女の怪異学〉というテーマの難しさと可能性とを指摘している。[*15] この点は、蛇に狙われる女性／蛇に変化する女性を考えるうえでも重要な視点といえる。

## 妖怪に性差はあるのか？

妖怪とジェンダーに関連させて、妖怪にも男女の区別があるのか、あるいは多様な性のあり方が認められるのか、そもそも性別など前提とされていないのか、それらの点を考えつつ、妖怪を生み出してきた人々の想像力を浮かび上がらせてみたい。

まず、妖怪の名称に注目してみよう。香川雅信によると、近世に入るまで妖怪に個別の名称が与えられることはほとんどなく鬼や天狗などに限定されていたが、江戸時代の文芸として寛永年間に確立した俳諧が、妖怪の名称に大きな影響を与えたという。そして一八世紀になると、地方文人による奇談・怪談集の編纂が影響を与え、妖怪の名称は爆発的に増加していくとしている。[*16] 香川の分析によると、一七世紀の書物に見える妖怪の名称を拾っていくと、その大半が貞享三（一六八六）年に刊行された『古今百物語評判』の中で取り上げられており、またその大半が当時の俳諧に詠まれているという。そしてその中で、最も多くの書物に取り上げられた妖怪は「雪女」であり、「雪女」は俳諧にふさわしい言葉として選び取られたと指摘する。[*17]

最も好んで取り上げられた妖怪が雪女であったことは、妖怪とジェンダーを考えるうえで興味深い。次に、一八世紀に爆発的に増えた妖怪の名称を、あえてジェンダーにこだわって見ていくことにしたい。

まず鬼は、古代より長い歴史をもち、なによりも恐ろしいものの象徴として、「人間」概念の否定形、つまり反社会的・反道徳的「人間」として造形された。その姿かたちは変化し、江戸時代以降、ようやく角をもつようになる。[*18] 同じ鬼でも、女性が変化した場合は「鬼女」と称して区別される。

では天狗はどうだろうか。天狗は、大天狗とも呼ばれる鼻の高い鼻高天狗と、小天狗とも呼ばれる嘴《くちばし》のとがった烏天狗が存在する。烏天狗は、修験道《しゅげんどう》の山伏のイメージの影響を受け、翼を用いて飛び廻る。小松和彦は、「天狗の社会は男のみからなる社会であって、そのシンボルが高い鼻であり、「神隠し」現象に、どことなくセクシャルな、あるいはホモセクシャルなイメージが漂っているのも、これと関係しているのであろう」と分析している。[*19] 平安時代以来、愛宕山や比良山など、全国の八山に住む八天狗と呼ばれる天狗たちが知られていた。そのような男社会の天狗界にあって、民間には女てんぐの伝承もある。[*20]「鼻が低くて優しい」川てんぐのことを、水てんぐもしくは女てんぐと呼んだという。これは、女の天狗が存在したというよりも、鼻の高い天狗と区別するために、鼻の低いマイナーな方の天狗を女てんぐと表現したと考えられる。

岩井宏實は、『女のちから』で山姥や雪女のほかにも、女性の妖怪として次のような妖怪を紹介している。川に棲む老婆の妖怪・河嫗《かわうば》、海底に潜った海女《あま》とまったく同じ姿格好で現れる妖怪・共潜《ともかつ》ぎ、海坊主の女房だといわれる妖怪・海女房、美女の姿をした氷の精であるつらら女、姥の亡霊の火の玉である姥火《うばがび》、灯火を消してまわる老婆の妖怪、火消し婆、砂かけばばあ、女の妖怪が多いというろくろ首、お歯黒べったり、二口女《ふたくち》などである。岩井は、女性の妖怪の方がより怪異性をもつ場合があり、また逆に親しみをもたれたのだと指摘している。*21

雪女や山姥などは最初から名称に「女」「姥」がついているため、女性の妖怪とみなされていたと考えてよいだろう。また産女《うぶめ》(姑獲鳥)は、妊娠・出産中に亡くなった女性の妖怪であり、名称に加えて、出産中に亡くなるという女性性が強調された妖怪といえる。

妖怪の中には、少なからず夫婦の妖怪も存在する。海女房は海坊主の女房だとされる。しかし男女が対になった妖怪は、それほど多いわけではない。雪女の対になる雪男は、現在でも雪男を探索しているチームがいることを鑑みると、妖怪だとは言い切れない存在である。

妖怪の中でも雪女や産女のように最初から女性性を特徴にもつ妖怪と、鬼女や海女房のように、特定の種類の妖怪の中でジェンダーを分けて表現する妖怪が創造されていたといえる。

ちなみに、婚礼の様子を妖怪で見立てた「化物婚礼絵巻」(制作年不明)には、新婦側にも新郎側にも、名称をもたないさまざまな妖怪が登場する。婚礼の儀で、新婦は赤く大きな舌で固めの盃を口にしようとしている(図4-3)。新郎は大きな赤い口と大きな目でそ

図４－３　化物の新郎新婦（「化物婚礼絵巻 中」製作年不明、国際日本文化研究センター所蔵）

図４－４　化物の誕生（「化物婚礼絵巻 下」製作年不明、国際日本文化研究センター所蔵）

の様子を見ている。無事に婚礼が済んだあと、次は子どもの誕生の場面となる。「化物婚礼絵巻」には、真っ赤な体をした一つ目の妖怪の赤ん坊が、盥《たらい》で産湯を浴びている様子が描かれている（図4-4）。赤ん坊は、父にも母にも似ていない。が、似せる必要もなかったのだろう。むしろ赤ん坊が妖怪であることを示すための表現を選んだら、一つ目の妖怪になったと考えられる。「化物婚礼絵巻」を見る限り、一つ目の妖怪の赤ん坊は、必ずしも一つ目の親から生まれるわけではない。

このように、妖怪の中には男らしさ、女らしさを強調した妖怪と、特定の種類の妖怪の中で、男性と女性を想定したような妖怪がいるようだ。前者は雪女や産女、山姥など女性とみなしうる妖怪が主であり、あえて前提となる男性の妖怪もしくは妖怪の男性性が強調されることはない。後者は、何か物語を創ろうとしたときに、妖怪の家族や男女の役割が必要となり、それを補うために創られたとも考えられる。こうした趣向は、鼠が擬人化された室町時代の『鼠草子』や、化物の男女が繰り広げる婚礼の儀を描いた「化物婚礼絵巻」などに見られる。

現代の創作ではあるが、一九五五年から長らく描かれてきた黄桜酒造の広告キャラクターのカッパにも家族がいる。このイラストは、初代の漫画家・清水崑から現代では小島功の作品へと代わり、夫婦と一男一女の子ども、夫の父親からなる三世代同居、五人の「カッパ家族」が描かれている。黄桜酒造のホームページには、カッパ（妻）は「働き者で美人で、常に笑みを絶やさず家族を見守っている典型的な良妻賢母」で、「実はかなりの酒豪」と紹介されている。*22 カッパの家族はそれぞれ男らしさ、女らしさが強調され、近代家族がそのまま投影されたような家族構成になっている。

## 妖怪画における翁と媼

次に、ジェンダーと老いについて考えるため、「翁《おきな》」や「爺」など老年の男性、「媼《おうな》」「姥《うば》」「婆」など老年の女性を示す名称をもつ妖怪を挙げてみる。ここでは、妖怪の名称が増加していく一八世紀後半に制作された鳥山石燕《とりやませきえん》の『画図百鬼夜行』の妖怪を見ていきたい。石燕は自らも妖怪を創作して描いたが、それらも含めて列挙すると、「翁」「爺」「媼」「姥」の漢字を含む名称の妖怪は次のようになる。『画図百鬼夜行』には「山姥」「姥が火」、続編の『今昔画図続百鬼』には「火消婆《ひけしばば》」、『今昔百鬼拾遺』には「古庫裏婆《こくりばば》」、「白粉婆《おしろいばば》」、「蛇骨婆《じゃこつばば》」などの「姥」「婆」のつく老女の妖怪が登場する。

「古庫裏婆」は、ある山寺にかつて在住していた僧の愛した妻が庫裏に住んでいて、新たな屍《しかばね》の皮をはぎ、餌食にしているという話がモチーフとなっている。「三途河の奪衣婆《だつえば》よりもおそろしおそろし」とある。江戸時代に流布していた奪衣婆のイメージを受け、それよりも恐ろしいことを強調している。「古庫裏婆」の髪は長く、目は見開き、着物ははだけ、乳房を垂らし、屍の皮らしきものをくわえている（図4－5）。

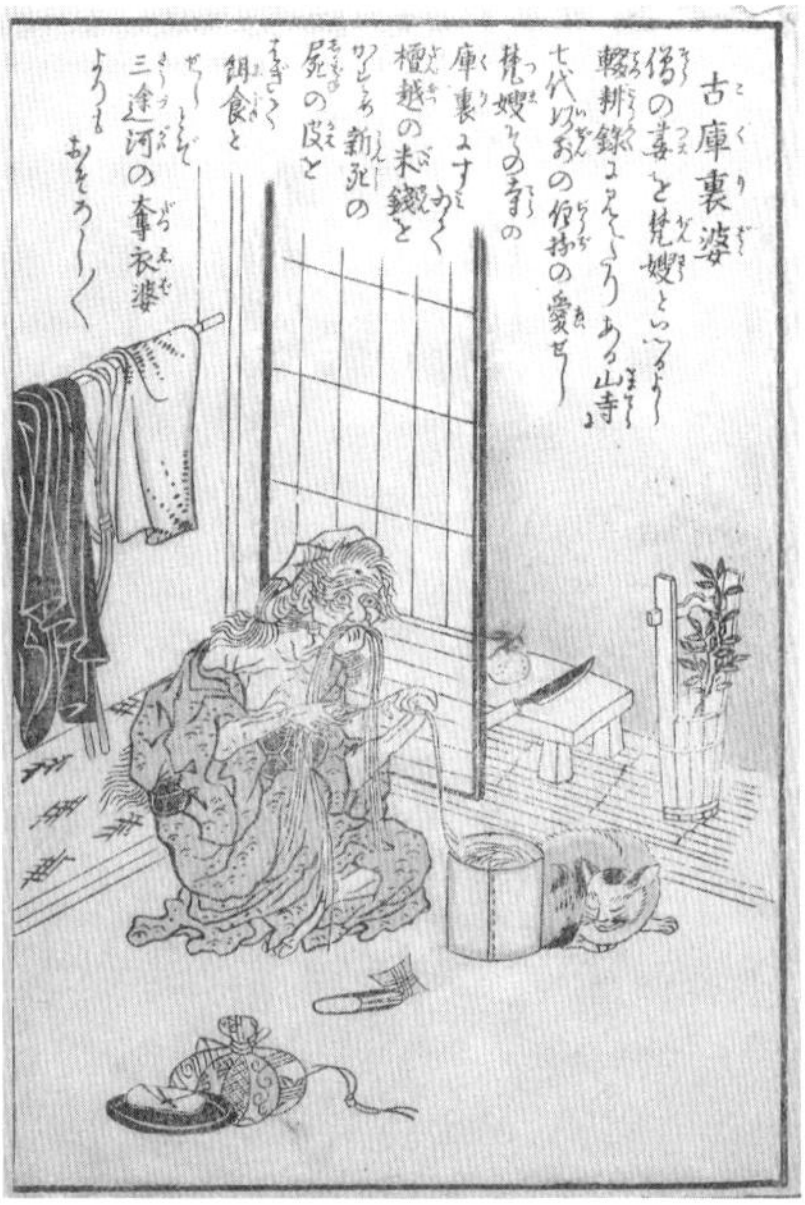


図4－5　古庫裏婆（鳥山石燕『今昔百鬼拾遺』1 Courtesy of the Smithsonian Libraries and Archives, https://doi.org/10.5479/sil.892810.39088018214379）

これに対して「翁」「爺」などの漢字をもつ妖怪は見出せない。ちなみに国際日本文化研究センターの「怪異・妖怪画像データベース」には、「山姥」「白粉婆」など「婆」「姥」の字を名称にもつ妖怪が含まれている一方で、「翁」「爺」などを名称にもつ妖怪の絵は、昔話の「花咲か爺」と、猿に娘を嫁にやる約束をした老人の絵だけであり、老翁の妖怪は出てこない。もちろんこれだけでは判断できないが、翁の妖怪ではなく、媼の妖怪が存在するという傾向が見えてくる。

宮田登は、戸隠《とがくし》の鬼女伝説などの山姥を生み出したのは、「男の心意にある潜在意識」だと指摘している。[*23] 戸隠の鬼女伝説では、絶世の美女の姿をした紅葉《もみじ》という山姥が、妖術を使うため都を追放されて戸隠に住み、ほかの山姥たちを集結して徒党を組み、男をさらったりする。この山姥の集団を、平惟茂《たいらのこれもち》が男性の修験者たちの援助を得て制圧する。宮田によると、この伝説には日本の中世社会のある段階で、女の宗教が男の宗教によって排除されていった過程が示されているのではないかという。そして「男の心意にある潜在意識が、性と妖怪を結びつけるキーワードであり、女の妖怪を多く輩出させているのではないか」と分析している。[*24] この点については、まさに勝方=稲福恵子が『おきなわ女性学事始』で示した、女性たちの神女組織による在来宗教が、仏教や儒教に置き代わっていく過程と重なり合ってくる。

この場合の女性は、「否定的」に捉えられる「他者」であると同時に、子どもを産むことに関しては畏怖の対象でもあった。出産は、出血を伴うがゆえに穢《けが》れともみなされたため、出産中に亡くなった女性には出産の穢れと死の穢れという二重の穢れが生じ、死してなお危険な存在と捉えられた。それゆえ亡くなった妊産婦には、成仏を願って流れ灌頂《かんじょう》を行ったり、「身二つ」と称して妊産婦の身体と胎児を分離してから埋葬したり、特殊な対処がなされた。そうしなければ妊産婦の霊は成仏できず、妖怪・姑獲鳥（産女）となって化けて出るとみなされたからである。[*25] すなわち、女性が成仏できるかどうかという点が、妖怪とジェンダーの問題を考えるうえで重要になってくる。

先述したように、岩井宏實が「女性の妖怪の方が怪異性をもつ場合がある」と指摘した点について、具体例は挙げられていないが、妊娠・出産にちなんだ妖怪の姑獲鳥などがこれに当てはまると考えると、姑獲鳥は、女性であるがゆえに妖怪になったともいえる。『日本妖怪考』をまとめたマイケル・フォスターは、それに先立つ口裂け女に関する論考の中で、フェミニズム理論家のロージ・ブライドッティを引用しつつ、[*26]「フェミニズム論から考えれば、男性社会では「女」はいつも既に否定的にとらえられる「他者」である。そのため、怪しい女であればその存在は人間として認められず、人間界の外のもの、つまり妖怪、として考えられることになる」と指摘する。[*27] 女性であるということが、すでに妖怪になる素地を含んでいるということになる。

では、宮田登の指摘する「男の心意にある潜在意識」にちなんで、もし「女の心意にある潜在意識」に注目したら、どのような妖怪が輩出されることになるのだろう。その前に、「女の心意」がはたして「妖怪」という表現として表れたのかどうかの検討も必要となる。

## 翁、神になり、嫗、怪となり

老いた女性は妖怪となる場合があるのに対して、老いた男性は何になったのだろうか。ここでは、さまざまな伝承や物語をもとに独自の世界を築きあげてきた芸能である能に注目し、翁と嫗がどのように演じられてきたのかを見ていきたい。

能の「翁」は、新年や神事の初めに演じられる、祝いの儀礼的色彩の濃い演目である。「翁」は「能にして能にあらず」といわれるように、神聖視されてきた。かつて演者は七日間または二一日間の精進潔斎をし、身を清めてから「翁」に挑んだ。現代の演出においては、役者は面をつけない直面《ひためん》で舞台に現れ、舞台上で白色尉《はくしきじょう》（白式尉）の面、つまり翁の面をつけて神楽を舞う。この面は、長い髭《ひげ》の生えた下顎の部分が切り離されており、飾り紐で結ばれている。また、眉や顎鬚として綿や絹糸が縫い付けられ、額から顎にかけては深い皺が刻まれている。さらに微笑しているかのような「へ」の字型の目など、ほかの面にはない特徴をもつ。このような翁面をつけて舞いを舞う姿に、人々は神の示現を見た。

これに対して嫗はどのような役回りを果たしてきたのだろうか。能に登場する嫗の代表に「山姥」がある。世阿弥作の「山姥」には「山姥の山巡り」という曲舞《くせまい》で評判となった都の遊女・百《ひゃく》ま山姥《やまんば》が登場する。[*28] 百ま山姥が善光寺参詣に出かける途中、越後と越中の国境の山中で、一夜の宿を貸そうと山の女に声を掛けられる。この山の女こそが山姥の化身であり、「山姥の山巡り」の曲舞を聞かせてほしいと頼み、自らもこれに合わせて舞う。注目されるのは「山姥とは山に住む鬼女」と、明確に示されている点である。謡曲「山姥」はのちの芸能にも大きな影響を与えたとされ、鬼女、つまり山姥のイメージも踏襲されていった。とはいえ、「山姥」のイメージは両義的であり、必ずしも妖怪という負のイメージだけではなく、人助けもする正のイメージもあることを、リーダー・津野田典子は分析している。[*29] 山姥は、民話・金太郎の母としての性格も付与されているため、単に妖怪だというわけにはいかない。

謡曲には、たとえば生き物の命を奪う殺生石《せっしょうせき》の化身として玉藻前《たまものまえ》が舞う「殺生石」、奥《おう》州安達ヶ原《しゅうあだちがはら》の老女が鬼女に変身する「黒塚（安達原）」、美女が悪鬼に変身する「紅葉狩」など、女が鬼女や悪鬼などに変身するものがある。能において、翁は神となり嫗は鬼女となる場合を見てきたが、次に翁と嫗が、民間信仰の中でどのように表現されていたのかを考えていきたい。

## 地獄の奪衣婆

「女性であるがゆえに妖怪となる」という、女性に対して否定的な存在としての妖怪がある一方で、肯定的に祀られるカミとして女神が存在する。川村邦光は「女神は歴史的に変貌するばかりでなく、ときに応じて、その時代の女性観によっても変貌した」と指摘する。[*30]ちなみに、人を神に祀る習俗の中で、祀られる対象として紹介されているのはほとんどが男性である。[*31]小松和彦は、死後、誰の「たましい」を祀るかは、すべては後世の人々の「思い」にかかっていると指摘しており、[*32]ここにもその時代の男性観および女性観が影響しているといえるだろう。

男女の寿命の違いを考慮すれば、老いてなおこの世に生き長らえてきたのは女性である。姨捨《おばすて》山に捨てられたのも老女であった。女性の老いた身体がリアルに表現された図像も少なくない。そのような媼の一人に、地獄の奪衣婆《だつえば》がいる。奪衣婆は、三途の川の傍《かたわら》で懸衣《けんえ》翁《おう》とともに死者を待ち構えている。死者が冥途へ旅立ち三途の川を渡り終えると、奪衣婆は死者の衣を剝ぎ取り、懸衣翁がその衣を衣領樹《えりょうじゅ》と呼ばれる木に懸ける。すると木の枝がしなるので、そのしなり具合で死者の罪の重軽を量るという。奪衣婆は、はだけた衣から

図4－6　木造媼尊坐像（富山県［立山博物館］所蔵）

両方の乳房が垂れ、立膝をしていることが多い。このような出で立ちの奪衣婆は、地獄で死者を迎えるだけでなく、山の神のイメージも付与されて、さまざまな場所に祀られている。

立山信仰の拠点となる芦峅寺《あしくらじ》の媼堂《うばどう》には、奪衣婆の特徴を兼ね備えた媼尊《うばそん》が祀られている。媼尊も、両乳を垂れた老婆で、髪は長く、目を見開き、口をカッと開け、容姿は醜悪に創られている。媼尊は、芦峅寺で最も重要な尊体と位置づけられ、多くの人々に信仰されてきた（図4－6）。

江戸時代、立山は女人禁制であったが、山麓の芦峅寺では秋の彼岸の中日に布橋灌頂会《ぬのばしかんじょうえ》と呼ばれる女人救済の法会《ほうえ》を行っていた。布橋灌頂会は、江戸時代初期に加賀藩の女性たちによって行われた、橋渡りの逆修儀礼つまり擬死再生儀礼がその原初形態であり、文政末期に閻魔堂と媼堂での法要をより重視した完成度の高い法会として確立された[*33]。法会では、女性がこの世を示す閻魔堂で懺悔の儀式を済ませてから布橋を渡る。この橋はこの世とあの世の境界であり、布橋を渡って滅罪し、次にあの世を示す媼堂に入る。媼堂で生まれ変わりの儀礼を遂げると、再び女性たちは布橋を渡ってこの世に戻った。このように、閻魔堂から媼堂への移動を通して儀礼的な再生が果たされ、これによって女性たちは血の池地獄に陥ることを免れ、すみやかに往生が叶うとされた。そして、この生まれ変わりの信仰を支えてきたのが媼尊であった。

このような女人救済の信仰を集めた媼尊は、江戸時代、奪衣婆の信仰が庶民に広まり、ますます盛んになるにつれ、芦峅寺の媼尊も奪衣婆そのものになっていったという。しかし「妖怪的な奪衣婆」では芦峅寺の中心尊として恰好がつかないので、衆徒たちが媼尊の縁起を作り、それに仏教の尊格を当てたという。*34 坂知《さかち》尋《ひろ》は、立山曼荼羅のほか、おもに長野の善光寺参詣曼荼羅に描かれた向かい合った二体の奪衣婆を分析し、奪衣婆が必ずしも地獄のイメージだけを表象しているのではなく、死と再生、そして善光寺では救いにつながるイメージが生み出されていることを指摘している。*35

女人救済の儀礼の一つとして、立山では女性は媼堂にていったん生まれ変わりの儀礼を経てから極楽浄土へ行けると考えられた。その背景には、女性はそのままでは成仏できず、血の池地獄に堕ちる存在であるとみなす地獄観が関係している。

血の池地獄の形成に影響を与えたのは『血盆経《けつぼんきょう》』である。血盆経は、中国で一〇世紀以降に成立した疑経であり、日本へもたらされた時期は定かではない。*36 室町時代ごろに日本に伝わり、それによって女性が出産や月経の際に流す血の穢れなどのために血の池地獄に堕ちるという伝承が流布するようになった。勝浦令子によると、「中世後期の血の池地獄の普及は、高僧の母や貴族女性に限定されない、庶民女性にまで地獄に堕ちる女性を拡大することになり、より大衆化したものとなっていった」という。そして「女性は死後に救済される対象としてだけでなく、女性自身が生前に受戒・出家・仏道修行・逆修・寄進などをして、積極的なかたちで堕地獄を回避していこうとするものにもなっていった」と指摘する。[*37] 立山の女人救済の法会と、生まれ変わりの信仰を支えてきた媼尊、いずれも女性は血の池地獄に堕ちるという教えと深く関わっている。

女性には生前、血の池地獄に堕ちないように、さまざまな行いが求められたが、そのような性による差別的な宗教観と、女性が嫉妬ゆえに鬼となったり、出産できずに死んで姑獲鳥となったりする物語が生み出された民間伝承の世界は、互いに響き合っていたといえる。

## 妖怪になる一歩手前——小野小町

歴史上の人物の中で、抜きん出た才能や能力をもち、またその来歴が明らかでないときに、さまざまな伝説や信仰が生み出されることがある。神として祀られる場合もあれば、中には老いさらばえた妖怪のようなイメージで伝えられる場合もある。ここではその一例として小野小町を取り上げる。絶世の美女として伝えられる小野小町は、平安時代前期の歌人で、六歌仙、また三十六歌仙の一人である。いかに小町が美貌と才能に恵まれていたとしても、男は老いて神となり、女は老いて妖怪になるという民間信仰における志向があるとすれば、小町も女であるというだけで妖怪のようになる素地は充分にあったと考えられる。その点に注意して、小野小町の多様なイメージを、謡曲や伝説などから見ていきたい。

小野小町は仁明《にんみょう》天皇（在位八三三～八五〇）の時代に宮廷に仕えたが、生没年は不詳でその生涯はよくわかってはいない。それゆえ、全国各地に生誕地が伝わっており、複数の場所に墓が設けられている。

小町の有名な歌は、『小倉百人一首』にある「花のいろはうつりにけりないたづらにわが身世にふるながめせしまに」である。桜の花の色は、いつのまにか長雨に当たるうちに色あせてしまった、私もぼんやりと眺めているうちに、歳を取ってしまったことよ、と嘆く。小野小町の歌を評価し、六歌仙の一人に選んだ紀貫之は、『古今集』仮名序の中で「おののこまちはいにしへのそとほりひめ（衣通姫）の流なり、あはれなるやうにてつよか

らず、いはばよきをうなのなやめる所あるににたり、つよからぬはをうなのうたなればなるべし」と評し、小町を和歌の神とみなされた衣通姫にたとえた[*38]。

歌の世界で活躍した小町を素材にして、いくつもの謡曲が作られた。これらは「小町物」と呼ばれ、現在も五曲が演じられている。それら五曲の中で、「草紙洗《そうしあらい》」（草子洗小町／草紙洗小町）のみが若い小町を描いており、他の三曲では百歳近くの老女、残り一曲では幽霊として登場する。「卒都婆《そとば(わ)》小町」では、小町は老婆の卒塔婆に腰掛けて、僧から咎められる。小町は物乞いでもあるが、僧に対して堂々と反論し、仏法の奥義を説くなど、老いても知性に満ち溢れる姿が描かれる。また「関寺《せきでら》小町」では、老女となった小町が僧に乞われて和歌の話をし、近江国関寺に赴いて舞を舞う。「鸚鵡《おうむ》小町」では、陽成《ようぜい》天皇の詠みかけた歌に、百歳の小町が鸚鵡返しの返歌をする。いずれも小町の和歌の才能を示しつつ、老婆として描かれる。

さらに「通《かよい》小町」では、小町は幽霊であり、小町に恋して百

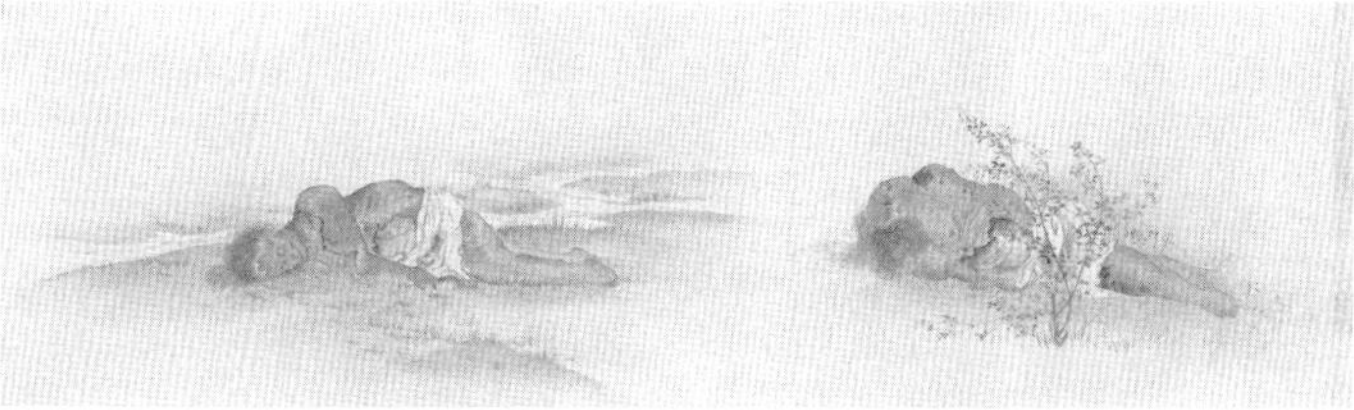

図4－7　朽ち果ていく小町（円山応瑞筆「小町十相図」、国際日本文化研究センター所蔵）

夜通いをした四位《しい》ノ少将《しょうしょう》の霊が、小町の成仏を妨げようとする。四位ノ少将は、百夜通えば意のままになるとの小町の指図どおりに小町のもとへ通うが、最後の一夜で絶命してしまう。少将の怨念は残り、また、少将の気持ちをもてあそんだ小町も同じく成仏できない。その後のストーリーは、旅の僧が二人に懺悔を勧めて成仏させるという、謡曲が得意とする展開となっている。別の見方をすれば、「通小町」に描かれた小町は、妖怪になるまであと一歩のところで「成仏してしまった」ともいえるだろう。

　また小町は、世の男を拒み続ける女として批判的に捉えられ、その報いに死後、むくろは野ざらしになったと伝えられた。江戸時代には、小町は女の機能（ホト）を持たぬ女とされ、穴のない留針《とめばり》を小町針と洒落《しゃれ》るまでにつき放されたという。[*39] 小町が老いさらばえてやがてそのむくろが野ざらしになり、骨が朽ちていく様子は、江戸時代中期の円山応瑞《まるやまおうずい》筆「小町十相図《こまちじゅっそうず》」に詳細に描かれている（図4－7）。

図4－8　小町老衰図（貞治6［1367］年、陽明文庫所蔵、大津市歴史博物館画像提供）

女性の老いた姿が詳細に描写される。[*41]

容貌《ようぼうノ》顦顇《しょうすいト》けて、身躰《しんていノ》疲痩《ひそうト》せたり。
頭《こうべ》は霜蓬《そうほう》の如《ごと》く、膚《はだえ》は凍梨《とうり》に似《に》たり。
骨《ほね》は竦《そば》ち筋《すじ》抗《あが》りて、面《おもて》は黒《くろ》く歯《は》黄《きば》めり。
裸形《らきょうト》にして衣無《きものな》く、徒跣《とせんト》にして履無《はきものな》し。

謡曲では、「草紙洗」を除けば、小町はいずれも老婆の姿か成仏できない霊の姿で描き出される。このような老いた小町のイメージは、一一世紀前半までの成立とされる『玉造《たまつくり》小町子《こまちし》壮《そう》衰書《すいしょ》』に登場する零落した小町像が影響を与えているという。[*40]『玉造小町子壮衰書』には、次に示すように小町と考えられる声振《こえふる》ひて言《ものい》ふこと能《あた》はず、足蹇《あしな》へて歩《あゆ》むこと能《あた》はず。

この容姿に酷似しているのが図4－8の「小町老衰図」である。陽明文庫所蔵小町老衰図は、巻軸に「小野小町　貞治六季（一三六七）六月廿五日　花押」の文が添付され、小町老衰図としては最も古いものに属す。[*42]このような老衰の小町が描かれ、また造形化されてイメージが流布していったと考えられる。

## 多様な小町像

全国に伝わる小町伝説に目を向けると、さらに多様な小町像が浮かび上がってくる。小町伝説が数多く伝わるのは京都府、山形県、宮城県、秋田県などであり、京都市内には左京区市原野の小町寺や、小町生誕地の伝承がある左京区静市譲葉《しずいちゆずりは》、卒塔婆小町像のある山科区小野、下京区四条西洞院の小町化粧水の碑など枚挙にいとまがない。[*43]絶世の美女で歌人、老いさらばえても才覚があったという経歴は、詳細が詳《つまび》らかでない分、多様な伝説を各地で生み出す要因となった。

小町を祀ることは現在も続いている。奈良市の帯解寺《おびとけでら》ではかつて存在していた小町之宮

図4－9　帯解寺（奈良市）の小町祭り

にちなんで新たに祠を立てて、二〇〇二年から毎年四月二四日に小町祭りを行うようになった（図4－9）。小町の美しさを強調したもので、現代に伝承される小町のイメージを探る上で興味深い。

また、小町の民俗的属性の一つに「病気を治す」ことが挙げられ、[*44]小町の信仰には病気平癒も含まれている。この場合の病気はとくに瘡病、つまり皮膚に関する病いが多い。あるとき小町が難病にかかり、薬師に祈願するが治らない。そこで小町は、「南無薬師かけし諸願の根も切れば身より薬師の名こそ惜しけれ」と歌を詠む。この歌は、薬師は本来その名が示すごとく、衆生《しゅじゅう》の病いを癒す御誓願であるのに、私の悪病を治療もできぬとは名誉に関わります、といった内容である。すると薬師如来からは、「村雨の雨は一時のかりの宿みのかさなればぬぎすててゆけ」と返歌があり、夢から覚めると、小町の病いは平癒したという。このような小町の病気平癒の歌をもとに、人々はその地の薬師を信仰しはじめた。錦仁《にしきひとし》は、東北の各地に広まっていった、薬師・観音の霊験を説く病身小町のモノガタリは、各地に薬師堂・観音堂が建立されたとき、神仏の効能を広めるために創られたモノガタリ（縁起譚）であったと分析している。*45

興味深いのは、同じ伝承が平安時代中期の歌人・和泉式部の伝承としても伝わっている点である。柳田國男は「女性と民間伝承」の中で、後世になるほど、次第に有名になった和泉式部に注目し、薬師如来の夢の返歌を、「作者の和泉式部を小野小町とするばかりで、他は寸分ちがはぬ贈答のへぼ歌が残つて居ます」と和泉式部の側から論じている。*46 なぜ、二人は同じような歌を詠んだと語られてきたのだろうか。柳田國男は、「文芸に点の甘い後世の話好きは、三十六歌仙に算《かぞ》へるやうな女詩人たちにも、次第に粗末な歌をよませるやうにしたので、前に掲げた南無薬師の歌の如きは、以前は到底和泉式部の作だと申しても、誰も承知をする者は無かつたのであります」と推測している。*47 小野小町と和泉式部の各地における多様な、ある部分においては共通する伝承は、経歴が明らかではない小野小町と和泉式部の女詩人という「器」に、その土地の人々の語りが蓄積されていったものといえる。

ところで永井久美子は、小野小町がクレオパトラ、楊貴妃とともに「世界三大美人」と称されてきたのは日本独自の言説であり、小町が日本を代表する美女として明治後期から

図4－10　千本ゑんま堂（京都市）の紫式部の供養塔

大正期にとくに注目されたことを指摘している。[*48] その理由は、小町が「国風文化」の担い手であったこと、また中華世界そして欧米列強に対抗するにあたり、国内でナショナリズムが高まる中、小町が再評価されたことを挙げている。[*49] そして、「世界三大美人」が悲劇的な最期を迎えたからこそ美女たちは評価されている感があり、それは主に男性により選ばれた三人であったことの影響が大きい、と分析している。[*50]「男性により選ばれた」という点は重要である。

この点を敷衍《ふえん》させて考えると、小町は「男性のおかげで成仏できた」とも指摘できる。閻魔法王を本尊として祀る京都の引接寺《いんじょうじ》は、親しみを込めて「千本ゑんま堂」と称され、多くの人々に信仰されてきた。開基とされる小野篁《おののたかむら》（八〇二～八五二）は、昼は宮中に仕え夜は閻魔法王の手伝いをしたとも伝承される。小野小町を篁の孫とする説もあり、仮にこの説に従えば、小町は閻魔法王の手伝いをしていた人物を祖父にもつ女性ということになり、すでにその出生からして、小町は異界とのつながりがあったといえる。

ちなみに千本ゑんま堂には、小町と同様に著名な女性である紫式部を供養する石塔が建てられている（図4-10）。あの世で成仏できず、不遇な姿をしていた紫式部を成仏させるために、一四世紀の南北朝時代、至徳三（一三八六）年に圓阿《えんあ》上人の勧進により建立されたとされる。近年、供養塔の側には新たに紫式部の像も立てられている。

それにしても、生前、卓越した活躍ぶりを示した女性二人が、いずれも成仏できずに苦しんでいたという伝承をもつのは、決して偶然ではない。先述した通り、女性は女性のままで成仏できないとみなされており、西口順子によると、平安時代の仏教は転女成男に基づく成仏説が主流で、女人成仏（女人往生）を説く法華経、転女成仏経、浄土経典等のいずれも、インドを経て中国、日本にいたる間に増幅された女性差別思想を内在していたとされる。[*51]

伝承の中で成仏できるように働きかけたのが、小野小町の場合は謡曲に登場する旅の僧であり、紫式部の場合は圓阿上人であった。彼らのお蔭で、彼女たちはめでたく成仏できたことになり、成仏するにはいずれも男性の力が必要であったということになる。いっそ、成仏できなかったという別のストーリーが伝承されていれば、彼女たちの強い怨霊が残り、それこそ「妖怪と呼ばれた人々」にふさわしいストーリー展開があったかもしれない。

# 第五章　性と性器の表現

## 女性器の威力

第三章では、「狙われる身体」をとくに女性の身体に注目して見てきた。その最たるものの一つは女性器であったが、これは狙われるだけでなく、場合によっては存在するだけで魔を祓ったり、攻撃できるとみなされてきた。

イギリスのキャサリン・ブラックリッジは、西洋文化における女性生殖器が否定的に捉えられてきたそれらのイメージを紹介する中で、[*1] 生殖器を見せることが恥につながらず、笑いと生命を引き出すことをねらった神話として、エジプトと日本の神話を紹介している。[*2] 日本の記紀神話に登場する天鈿女命《あめのうずめのみこと》（天宇受売命）は、天照大神《あまてらすおおみかみ》が天の岩屋に隠れた際に、伏せた桶を踏んで踊り、乳房を出し、裳《も》の紐《ひも》を女性器まで押し下げて諸神を笑わせ、天照大神に岩屋から出てこさせることに成功した。

またブラックリッジは、「女性が進んでヴァギナを見せる行為が魔を祓い生殖力を強化する力を持つという広く信じられている信念を確証している」とも指摘している。[*3]

女性器が魔を祓うとみなされた例として、ミクロネシア・ベラウ諸島（パラオ共和国）の、男性の長老たちが集まる伝統的な集会所、ア・バイに描かれた絵を挙げたい。ア・バイの

図5－1　パラオ　アイメリーク州のア・バイ

正面入り口上方の壁面には、パラオの神話にちなんだ彫刻絵が施されている。真ん中で足を大きく開いている女性の性器は腰蓑で隠されているが、生命を生み出す根源から湧き上がる力によって邪悪なものを追い払うとみなされている。そのため足を開いた女性の姿が、あえて入り口に描かれている（図5－1）。

このように女性器は相手を威嚇し、攻撃できる身体部位とみなされてきた。太平洋の島嶼《しょとう》地域にはヴァギナ・デンタータ、歯の生えた膣をもった妖怪の伝承がある。性交をすると男根を喰いちぎったり、去勢したりする。ヴァギナ・デンタータ型の話の分布は、日本各地から北太平洋に沿って広がっており、広範な地域に及ぶ。[*4]

奄美大島に伝承されてきた同様の昔話を、奄美大島生まれの長田須磨が次のように書き記している。「腹違いのきょうだいがいた。弟は鬼の血をうけていた。ある日のこと、この弟が姉を追いかけて来て今にもくいつきそうになった。姉はとっさに、尻をまくって「私はここにも口があるからね」と陰部を見せたら、弟は一目散に逃げたという」。[*5] 奄美大島では、女性器を象徴させた三角形、そして貝の形が呪詛力をもつといわれ、すいじ貝を軒下に吊るして魔除けに使用した。[*6]『奄美女性誌』には、三角形に区切られた空間が結界となる例も紹介されている。夫が妾をかこったために耐えかねて首を吊って死んだ妻が、幽霊となって家に入ってきた。夜明け前に幽界に帰ろうとしたが、行灯《あんどん》が室（部屋）の対角線《スミチゲ》上においてあってそれが三角形を形作っており、どうしてもそこを越すことができなかったという。[*7] 三角形の作る結界がパワーを発揮したのである。

## 妖怪の性器、性器の妖怪

二〇一六年夏に兵庫県立歴史博物館で開催された「立体妖怪図鑑 モノノケハイ」に、張り子作家・荒井良による張り子の姑獲鳥《うぶめ》が展示された。京極夏彦の小説『姑獲鳥の夏』の文庫本の表紙に掲げられたものである。実物はやわらかな質感をしており、姑獲鳥の下から覗いてみると、美しい女性器が造られていた。これを見るまで、妖怪・姑獲鳥の性器

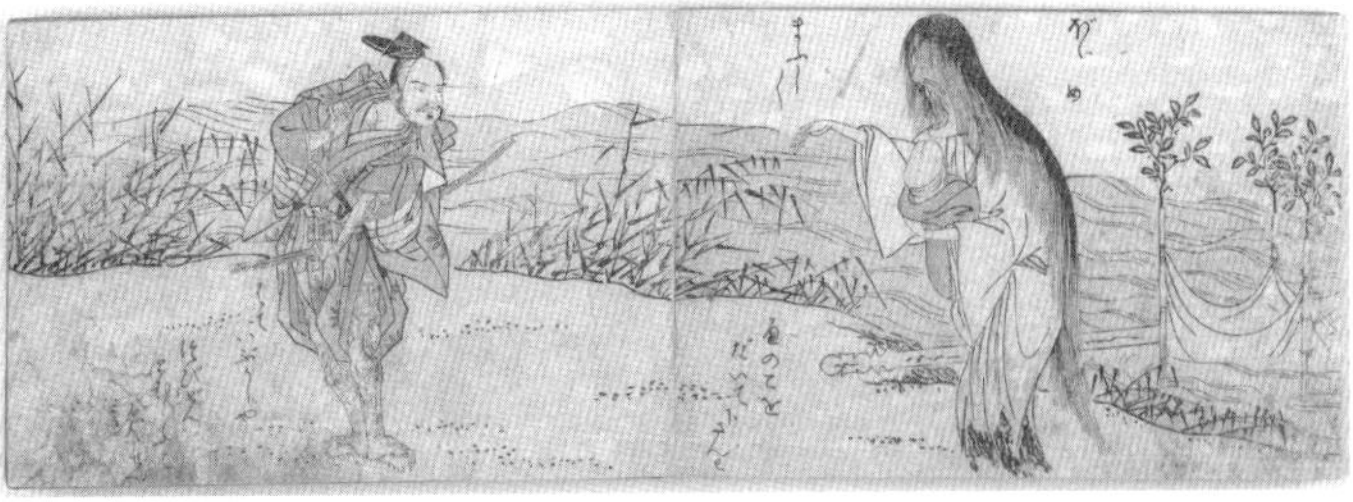

図5－2　性器の姑獲鳥（勝川春章『百慕々語』gallica.bnf.fr / Bibliothèque nationale de France）

がどうなっているのかなどと考えたこともなかった。妖怪であっても、前節で紹介したヴァギナ・デンタータのように歯の生えた膣をもった妖怪でもなければ、ことさら性器が強調されることはない。狸の妖怪の男性器は大きく滑稽に描かれるが、このように男性器や女性器を誇張した妖怪はさほど多いわけではない。狸の妖怪は、近世に流行した病いであるセンキにかかったため、男性器が大きくなったと説明されることがある。

　春画に描かれた妖怪は、とりあえず性器を肥大化すればよい、といった単純な発想では描かれていない。鈴木堅弘の『とんでも春画』には、さまざまな身体部位に性器の描かれた妖怪たちが登場する。[*8] たとえば勝川春章《かつかわしゅんしょう》（一七二六？〜一七九二）の艶本『百慕々語《ひゃくぼぼがたり》』には、顔そのものが女性器となった姑獲鳥が登場する（図5－2）。妊娠中および出産中に亡くなった女性＝姑獲鳥の性器を描くというよりも、「性器で姑獲鳥を表現したら、こうなりました」という趣向で、滑稽で

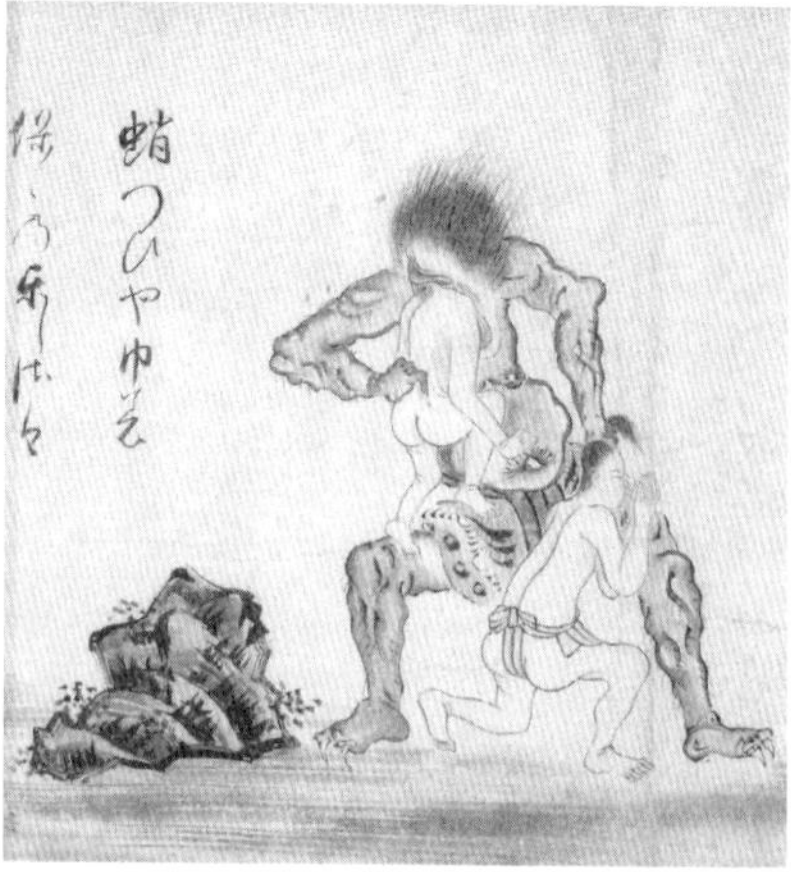

図5－3　顔に女性器がある「性器の妖怪」（「地獄草紙絵巻」、国際日本文化研究センター所蔵）

すらある。しかも姑獲鳥が抱いている赤子は男性器である。姑獲鳥が赤子を抱き寄せ、顔に近づけていけば姑獲鳥の顔のまん中にある女性器と、胎児そのものの男性器とが性交することになるが、そのような展開が期待されているわけではないだろう。

春画の妖怪において、性器はほとんど記号である。あなたは、この妖怪画の中に、いくつ性器を見つけられるかと問われているかのようである。ちなみに国際日本文化研究センターの怪異・妖怪画像データベースには、同じように顔に女性器がある「性器」の妖怪が所収されている（図5－3）。「地獄草紙絵巻」に描かれた鬼で、女性器となった口で人間を食い殺している。口も女性器も象徴的には同じ身体の開口部であるという思考を、そのまま表現したような妖怪である。虎の皮のような黄色の腰巻に緑の帯を締め、足の爪は鋭く伸び皮膚は赤い。性器の妖怪は、鬼の身体をし、顔にある女性器には歯こそ生えていないが、まさしく日本版のヴァギナ・デンタータといえるだろう。

ヴァギナ・デンタータは、男性が性交をして初めて妖怪であることを知るが、春画に描かれた女性器の妖怪は、性器が強調された異形の容貌からして一目で妖怪だとわかる。ここで仮に人間の身体をどれぐらい逸脱させて妖怪の身体を創ったかと考えてみれば、女性器の妖怪はヴァギナ・デンタータよりも、逸脱の度合いが高いということになる。性器を誇張した妖怪は珍しいが、それは「妖怪の性器」ではなく、「性器の妖怪」であるからだろう。

とはいえ、この種の性器の妖怪はさほど多くはない。そのグロテスクな様相は妖怪にふさわしいといえるが、もしも単純に性器の絵画が見たければ、江戸時代に人気を博して出回った数多くの春画を見ればよかったからだ。

## 両性具有の妖怪たち

第四章で検討したように、妖怪の中には雪女、産女（姑獲鳥）、二口女、山姥などのように、名前からして女であるとわかる妖怪がいる。これらの妖怪が、「女」「姥」などを名前に含めて女性性を強調したとすれば、それ以外の妖怪は、通常、男とみなされていたと考えてもよいかもしれない。このように仮定すれば、妖怪には性別があるということになる

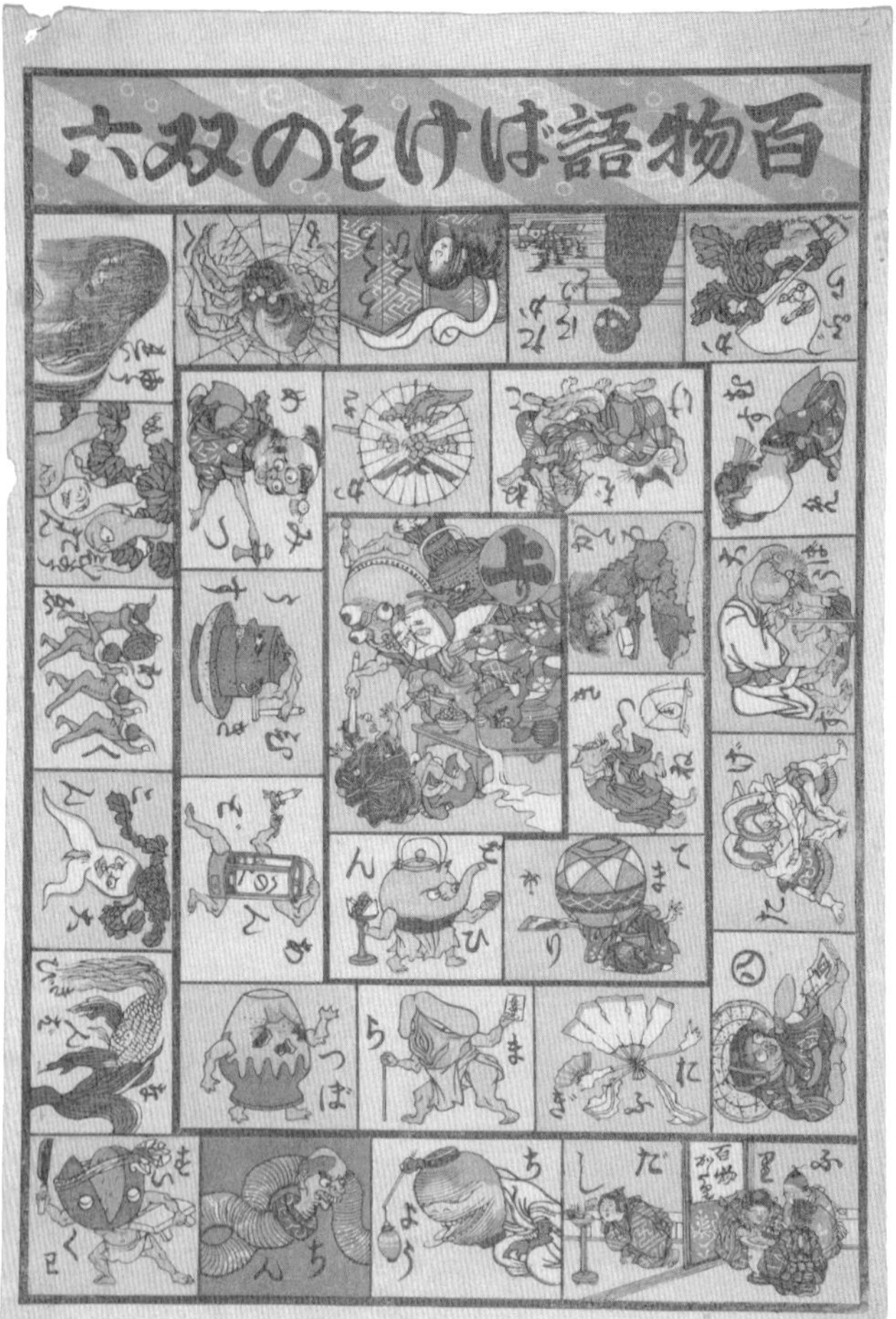


図5－4－1『百物語ばけもの双六』（湯本豪一記念日本妖怪博物館［三次もののけミュージアム］所蔵）

が、そうすると、いわゆる両性具有の妖怪やトランスジェンダーな妖怪も存在したのだろうか。

江戸時代に流行した怪談話「百物語」にちなんで作られた双六『百物語ばけもの双六』を見てみよう（図5－4－1）。ふりだしから上がりまで三〇コマあり、各コマに妖怪たちが描かれている。それぞれ列挙すると、提灯（「ちょう」と「ちん」で二コマ）、下駄、扇、壺、碾《ひ》き臼、手毬《てまり》、土瓶などの器物の妖怪、なんばん黍《きび》、大根、クワイ、瓢箪、蕪などの野菜の妖怪、蜘蛛、化け猫、狐などの生き物・動物の妖怪、ろくろ首、高入道、むすめ（のっぺらぼう）、大坊主、三つ目、それらに混ざって「まら」が描かれている。

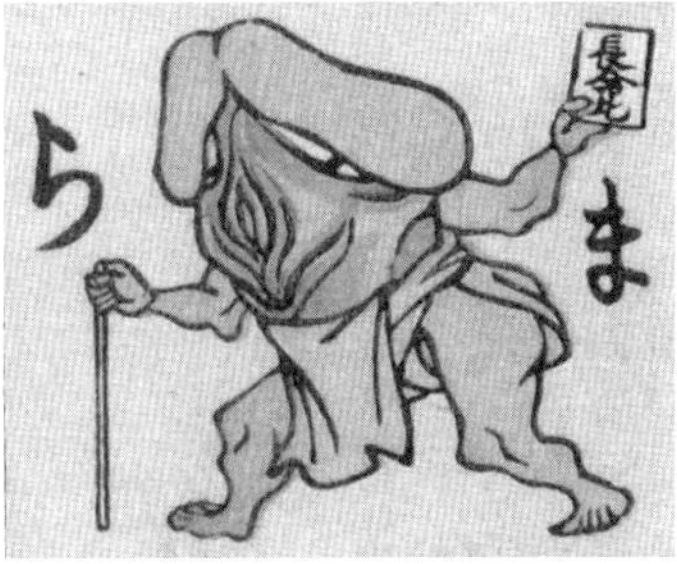

図5－4－2『百物語ばけもの双六』の「まら」（湯本豪一記念日本妖怪博物館［三次もののけミュージアム］所蔵）

「まら」は身体そのものが性器になっている（図5－4－2）。手に「長命丸」をもち、筋骨隆々とした力強い太ももでしっかりと立っている。長命丸は、江戸時代に用いられた強精用の湿布塗りである。「まら」は両性具有であるが、男らしい身体をしている。赤い褌を巻いているため、本来そこにあるかもしれない男性器は隠されている。「まら」の頭は男性器で目がついており、顔の真ん中には女性器があって、それが口のようにも見える。「まら」は、両性具有の妖怪、もしくは男性器と女性器がそのまま妖怪となった存在とみなすことができる。

次に、妖怪ではないが、春画において両性具有がどのように表現されてきたのかを見たい。初代歌川豊國と国虎の『絵本おつもり盃』下巻（文政九［一八二六］年）では、子どもを望む夫婦が、それぞれ別々の性別の子どもがほしいと神頼みをする。[*9] 夫が「どうぞまず女子の子をおさづけくださりませ」と女児の誕生を、妻が男子の誕生を神頼みする。その結果、両方の願いが叶い、両性具有の「ふたなり」が生まれる。「ふたなり」が両性具有であるかどうかは、着物を着ている外見からはよくわからない。成人した「ふたなり」が性交に至る場面で、男性器も女性器も両方併せもつ身体が、春画に特有の誇張した描き方で表現される。

あからさまに性器が露出している妖怪「まら」はわかりやすいが、春画の場合、交合の場面以外で両性具有ということはわからない。江戸時代の戯作において男女の身体は、春画・春本における極端に誇張された性器を除けば、それほどにいちじるしい性差が描かれているわけではなかった。男も女もめりはりのない寸胴体形で写され、乳房もそれほどに強調されてはいないという。[*10] 男女の身体が明確に描き分けられていたわけではないとすれ

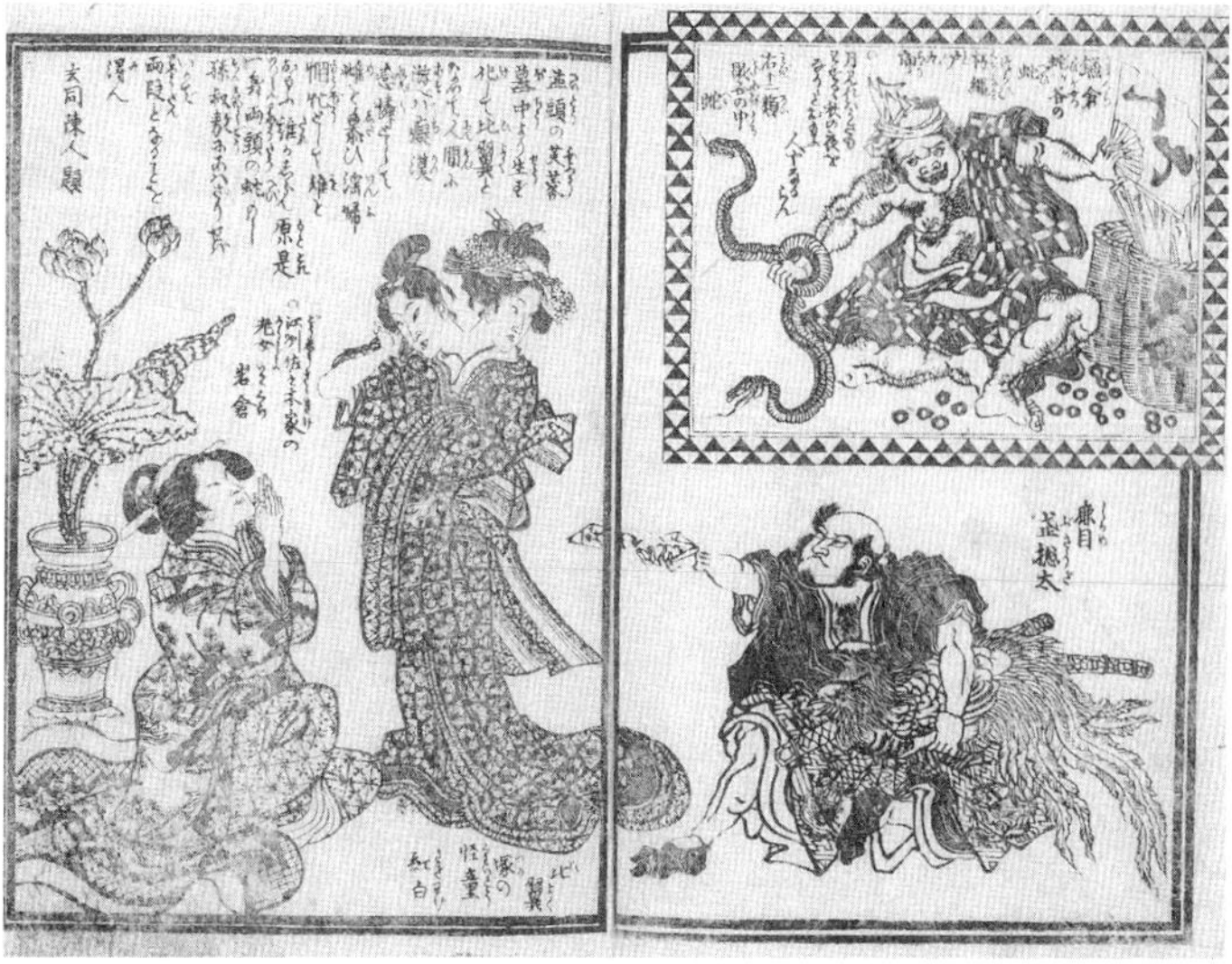

図5－5「紅白《さきわけ》」（曲亭馬琴作、歌川豊國画『比翌紋目黒色揚』文化12［1815］年、専修大学所蔵）

ば、両性具有を表現するのはむずかしい。

板坂則子によると、両性具有は本来、一つの身体に男女二つの性を備えるが、曲亭馬琴を筆頭とする江戸期の戯作者たちの思い描く形象は、かなりの異形《いぎょう》であるという。*11 馬琴による両性具有の物語の中で、歌川豊國が描いた『比《ひ》翌紋《よくもん》目黒《めぐろの》色揚《いろあげ》』（文化一二［一八一五］年）を見てみたい。この物語は、心中した二人の遺骸を埋めた比翼塚から、男女の両頭の赤子「紅白《さきわけ》」が生まれる*12ところから始まる。紅白は、一六歳のときに誤って身体を打ち割られ、男女二人に分かれるが、それまでは両性具有の存在であった。その様相は、一つの身体から美少女と若衆の二つの頭が伸びている異形である（図5-5）。美しい着物を着た人物に頭が二つついているのは、まるで妖怪の身体であるが、これが絵画において両性具有を表現する方法の一つであった。さらに馬琴による「両性具有の魔物」は、『代夜待白女辻占《だいやまちしろめのつじうら》』（歌川国貞《くにさだ》画、文政一三［一八三〇］年）に登場し、こちらも、上半身が美女と美少年の頭に分かれた異形の姿として描かれている。

両性具有を表現するには、『絵本おつもり盃』のように身体に男性器、女性器両者のある状態を描く、もしくは両性の最も特徴的な部位、つまり髪型の違いがわかる男女の頭部を両方とも描くといった方法があった。とりわけ後者の場合、その様相は異形にならざるを得なかったが、物語の展開を進める上で、のちに二つの身体に分かれることを示唆する効果的な表現方法であったといえる。

## 両性具有へのまなざし

両性具有は、洋の東西を問わずその希少価値ゆえに見世物の対象になることもあった。朝倉無聲の『見世物研究』によると、元文三（一七三八）年五月から江戸堺町の小芝居で、二形《フタナリ》の畸人を見せたところ、開場後まもなく町奉行所から停止を命ぜられたという。二形とは、春画『絵本おつもり盃』にも出てきたように両性具有を指す。二形である南品川に住む安左衛門の娘「はや」を、香具師の加兵衛が銭儲けの種にしようと、若干の金子《きんす》を安左衛門に与えて貰い受け、町奉行所に見世物の出願をしたが受理されず、強行したところ停止を命じられる。しかし、踦人の見世物が停止を命じられたのは、この例の前後ではほとんどなかったという。また停止の理由も、両性具有が当局に問題視されたからではなく、わざわざ大事を取りすぎて奉行所に出願したためであった。二形も無断で見世物としたなら、停止を命ぜられずに済んだのではないかという。*13

ヨーロッパの近世社会においても、怪物の誕生を含む驚異に関する情報を文字で書きとめ、また図像で表象することが盛んに行われた。両性具有もそうした対象の一つであった。*14その典型的な書物である、アンブロワーズ・パレの『怪物と驚異について』（初版一五七三年）にも、実在する「怪物＝奇形」として、背中でくっついている双子の子ども、つまりシャム双生児と両性具有の結合の例が紹介されている。*15

両性具有は、男性器も女性器も併せもつ身体というイメージがあるが、実際には「半陰陽」という男性であるか女性であるか、俄《にわ》かにわかりづらい状態が多いという。アルマン・マリー・ルロワによると、西洋の一七世紀以降の医学界の伝統では、男か女かわからないときは、精巣があるか卵巣があるかで性が決まったという。「半陰陽」は医学界では認められていたかもしれないが、当時の社会や法律はそれらを認めていたわけではなく、それゆえ、二つの性の狭間に陥り、差別され、ひどい境地に置かれた人々も数多くいた。[*16]

ところで「両性具有」と称してきたが、自然科学ではこのような用語は用いない。生物学者の高橋淑子氏の御教示によると、生物学の「雌雄同体（hermaphrodite）」とは、「両性具有」のように雌雄の生殖器をもっているネガティヴなイメージではなく、実際にそのような動物がいるということになる。[*17]また、男女の生殖器官は、最初から別々に作られるわけではなく、わかりやすくいえば「初めは同じように作られていき、ある時期以降は要らないものが消えていく」というプロセスをたどるという。

物語の世界では「両性具有」は複雑に絡み合った人間模様を描き出すのに一役かってきた。一方、「両性具有」という状態だけを表現した性器の妖怪には、物語からは切り離され、男女の性器を組み合わせた妖怪という、パズルのようなおもしろさがある。妖怪のいる境界部分には、「両性具有」を超えるいっそう豊かな想像力が働いたのかもしれない。それは男女の性差の固定観念を超え、さらに身体についての固定観念を軽々と超えていくような想像力である。

## 巨大性器を祀る

妖怪に限らず、性器を誇張して表現することは、日本の民間信仰にも見られる。性器そのものは、たとえば女性の下半身の病い、性病などの治癒を祈願して、寺社に奉納される病気平癒の小絵馬などに描かれてきた。表現がリアルで、かえってそれがエロティックな視線を拒んでいるかのようである（図5－6）。現代の絵馬では、女性の上半身に関する病いは乳房をそのまま描いて表現し、他方、下半身に関するものは女性器をそのまま描くことを避けて、着物の裾から見える足などを描いて表現されている。[*18]

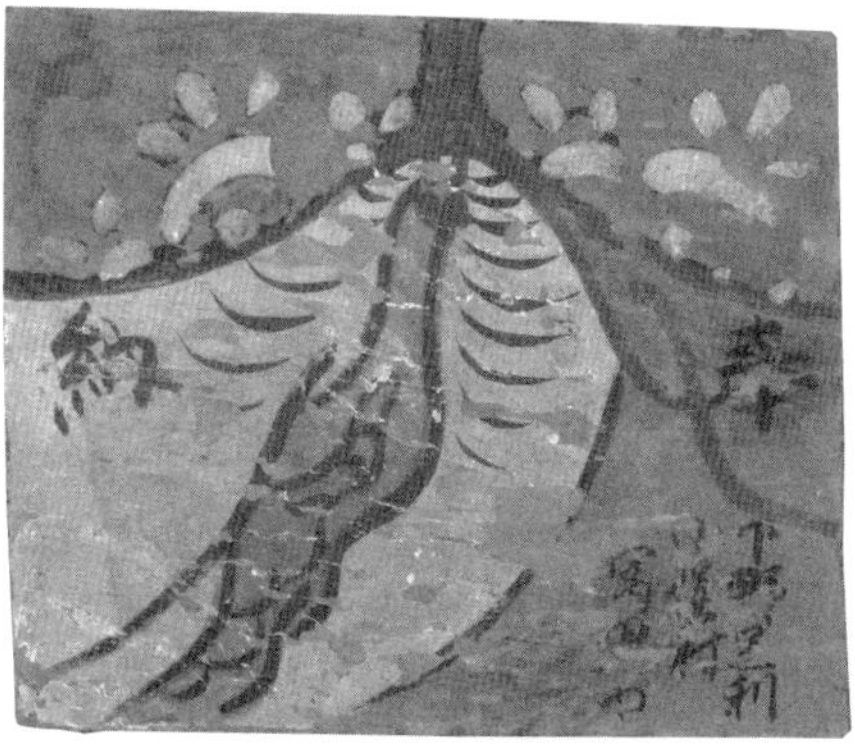

図5－6　女性器の絵馬（推定奉納地：栃木県足利市小俣、天理大学附属天理参考館所蔵）

性器や性についての日本における研究は、二〇世紀の初めに人類学や民俗学、考古学の混沌とした草創期に、F・バックレーをはじめとす

図5－7　しねり弁天たたき地蔵まつり（魚沼市）の巨大な男根のご神体

る欧米の学者の影響のもと、出口米吉によって〃生殖器崇拝〃という用語の成立を通じて「発見」され、〃性の民俗学〃が誕生した。[*19]

また古くから、大きな石の形状が男性器もしくは女性器に似ていれば、注連縄《しめなわ》を懸けて祀ったり、神社に奉納したりした。性器は豊穣のシンボルでもあるからだ。

自然の中にある岩石を性器に見立てたり、また加工したりして祀った例は全国にたくさんある。男性器、女性器の陰陽石をともに祀っている神社には、たとえば岡山県上房郡高梁奥万田《たかはしおくまんだ》（現・高梁市奥万田町）の石神（陰陽石大明神）や、岡山県備後今津町（現・福山市今津町）の陰陽石神社（陰陽太明神）などがあるが、陰陽二つを祀ることは少なく、多いのは男根の形態物だけを祀る例だという。[*20]

また巨大な男性器をご神体とし、巡行する祭りもある。

その一つは、新潟県北魚沼郡小出町《こいで》（現・魚沼市）で毎年六月三〇日に行われる「しねり弁天たたき地蔵まつり」である。台車に置かれた巨大な男根のご神体を皆で引っ張り（図5－7）、「お地蔵様」を祀る観音寺（稲荷町）から、「弁天様」を祀る弁天堂（諏訪町）までを練り歩く。祭りそのものは比較的新しく、女性の尻や腰の当たりを「しねり」、男性を「たたく（さわる）」ことの許された、かつての無礼講にちなんでいる。全国的に「ふるさと運動」が盛んとなった一九七〇年代に、それまでの無礼講の日を復活させ、一九八〇年に巨大男根を造り、無病息災、安産などを願って現在のような祭りが始まったとされる。*21

図5－8　新潟県長岡市栃尾のほだれ祭

その際、近隣の新潟県長岡市栃尾《とちお》のほだれ祭で、大型の男根の造形物を造って祭りを創始したことに影響を受けたという。ほだれ祭は、毎年三月の第二日曜日に、長岡市来伝《らいでん》のほだれ大神前で行われる（図5－8）。神輿《みこし》に見立てた高さ二・二メートル、重さ六〇〇キログラムの巨大な男根型のご神体に、「初嫁」つまりその年に結婚した女性たちを載せ、男たちがこれをかついで五穀豊穣と子宝、安産を願う。

しかし栃尾のほだれ祭も、巨大な男根を造る祭りのオリジナルというわけではない。愛知県小牧市の田縣《たがた》神社豊年祭のように「大男茎形《おおおわせがた》」という巨大な男根がご神体となった祭りなどがある。そのほかにも、神奈川県川崎市の金山神社に巨大男根の神輿が巡行する「かなまら祭」があり、これは一九七七年に始まった。長岡市栃尾のほだれ祭りも、魚沼市のしねり弁天たたき地蔵まつりも、全国の祭りの先例を見ながら、地域で皆が協力して準備し、誇れる何かを創ろうとして、ご神体の巨大男根を選んだということになる。

日本の民間信仰には陰陽石のように男性器、女性器に形状の似た岩石を豊穣の神様として祀る信仰があるため、巨大な男性器の造りものをご神体として祀り、練り歩く祭りがあっても決して不思議ではない。

このほか、魚沼市や南魚沼市などの中越地方では、男性たちの数え四二歳の大厄に向けて、四一歳になると男女の同級生たちが集まって、厄払いのために男性器と女性器の創りものを制作する慣習がある。[*22] これは現在も行われており、趣向を凝らした立派な性器が制作され、完成するとお披露目のために町内を練り歩く。その後、厄払いの宴席で、同級生たちが集まって神主と巫女に扮し、完成した男性器と女性器をお供えして披露する。これは、厄払いとともに歳祝いも兼ねた同窓会でもある。男性器と女性器は、その後、縁起物として店舗や会社が買い取ったりする例もあるという。原木を切り出して磨いて造るなど、たいへん手の込んだでき栄えのよいものが多い。

平成六（一九九四）年に建てられた、南魚沼市宮にある「五十《いか》沢《ざわ》温泉ゆもとかん」の薬師堂には、五十沢地区の人々が厄除けのために制作した八組の男性器と女性器が並べられている（図5‐9）。地元の山林で材木を切り出してそれらしい形に整え、皆が鑢《やすり》で磨きをかけて仕上げたものや、二股になった材木に枯れ木の陰毛などをつけて精巧に制作した女性器などがある。このほか南魚沼市の山口にある八海神社裏の山麓にも、厄除け祈願の石製の男性器と女性器がある。一九四七年生まれの地元の中学校の卒業生たちが、満四一歳のときに制作したものである。

図5‐9　五十沢温泉ゆもとかんの薬師堂に奉納された男根と女性器

このような慣習があることからも、「しねり弁天たたき地蔵まつり」の際に、巨大男根を造って町内を練り歩くことは、それほど突飛なことではなかったのだろう。

本章では、攻撃する身体部位の例として、主に見せることで威嚇できるとみなされた女性器と、ご神体となる男根に注目した。妖怪画に描かれた性器の表現や雌雄同体の身体は、従来の男女の性差の概念をやすやすと超えていくものであった。また、巨大な男性器の造形物をご神体とする祭礼が存在するように、現代でも男性器のもつ豊穣力とパワーは見る者を圧倒する。

男女の性器の造形物を厄払いのために造ることはあっても、たとえば本章冒頭で紹介したパラオのア・バイに描かれた女性器のように、魔除けとしての威力、相手を威嚇するような女性器の造形物を、現代の日本で見つけることはなかなか難しい。

そのような中で性器をモチーフとした現代アートの表現には、新たな力を感じさせるものがある。オーストラリアで活躍するデル・キャスリン・バートン（Del Kathryn Barton）は二〇一七年、メルボルンのヴィクトリア・ナショナルギャラリーにて開催した個展「The Highway is a Disco」で、草間彌生の水玉の表現に敬意を表しながら、女性器、男性器、そして目を強調した独創的な身体を描き出している。[*23] 彼女の作品の中で、レース編みに包まれた男性器はおとなしい存在であり、[*24] また女性器と花と目で形作られた身体は、見られることを充分に意識しながら、それを毅然とはねつけていく美しさと強さを兼ね備えているかのようである。[*25] 狙われるだけではなく、攻撃する身体部位としての女性器は、現代では神話ではなく女性が創造する現代アートに見出すことができるのかもしれない。

# 第六章

# 身体の放つ異界のパワー

## 「異界」を取り込む

村上春樹の長編小説『騎士団長殺し　第二部　遷《うつ》ろうメタファー編』に、主人公が異次元に足を踏み入れ、少女を探しに行くシーンがある。[*1] 主人公はまっすぐな傾斜路を下降し、薄暗い光の中、咽喉が渇いて川の水を飲んでしまう。するとしばらくして、胃の中に不思議な感覚を感じるようになる。「この川の水を飲んだせいで、ひょっとして私の身体はこの土地に合った体質に変えられてしまったのではあるまいか？」と。彼は、異次元、つまり異界の水を自らの身体に取り入れたことによって、その世界に合った体質になったばかりでなく、異界に積極的にはたらきかける能力をも身に付けていく。

通常、人間の食の範囲は文化と時代の制約を受けており、異なる食の範囲をもつ人々に対しては、好奇心と同時に嫌悪感を抱くことがある。その最たるものが人を喰らう、カンニバリズムである。[*2] 弘末雅士によると人喰いの語りは、食することそのものよりもはるかに多くの人々に共有されてきたという。そして、慣習としての食人はなくなったが、人間の死生観や身体観と関係し、異なる価値観がせめぎ合う人喰いの話は消滅しないであろうと指摘している。[*3] また山田仁史は、人の喰わないものを喰うことを「いかもの喰い」と名づけ、人を食べる例として、死者の骨を口にする日本の「骨かみ」「骨こぶり」の習俗を挙げる。[*4]

骨かみ、骨こぶりの習俗は、生者が死者の骨を口にすることによって、死者の魂を、生者が自分の中に取り入れて生かすとみなす習俗である。飯島吉晴は、葬儀もしくは四十九日《しじゅうくにち》にふるまわれる「四十九餅」と骨こぶりを関連づけて論じ、祓いの様式には身体＝共同体の中に異物を吸収する型と、その外に異物を排除する型の二つがあることを指摘する。[*5]この二類型を参照すると、本章では前者の「身体＝共同体の中に異物を吸収する型」についいて、とくに「異物」が身体の一部である事例を見ていくことになる。まずは胎児、臍の緒、そして胎盤について見ていきたい。

## 薬としての胎児

この世でなかなか手に入らない希少価値のあるものを、薬として身体に取り入れれば、それだけ効き目も大きいとみなされたことは容易に想像がつく。その一つは胎児であった。

浄瑠璃・歌舞伎の「奥州安達原」などで有名な安達ヶ原の鬼女伝説には、不治の病いを治すために妊婦のお腹にいる胎児の生き血を取ろうとする鬼女が登場する。図6-1は月《つき》

図6－1「奥州安達がはらひとつ家の図」（月岡芳年、国際日本文化研究センター所蔵）

岡芳年《おかよしとし》の「奥州安達がはらひとつ家の図」である。不治の病いにかかった姫を救うために必要な胎児を、安達ヶ原に住んで集めていた姫の侍女が、妊婦を逆さ吊りにして、まさに腹を割こうとしている場面である。これこそ「狙われた身体」の最たるものであろう。明治一八（一八八五）年に発表されたこの絵は、風紀を乱すとして発禁処分にされた。

また、幕末から明治時代に活躍した熊本出身の人形師・松本喜《まつもとき》三郎《さぶろう》が作製した「生人形《いきにんぎょう》」（風流人形）を描いた絵にも同様の妊婦の絵があるという。[*6] 生人形とは、生きているようなリアルな細工を特徴とするほぼ等身大の見世物人形のことであり、松本喜三郎の生人形の見世物興行は、江戸を襲った「安政の大地震」後、安政三（一八五六）年に始まった興行が爆発的な人気を博した。[*7] 生人形が評判になると、商売気のある浮世絵の版元たちが

図6-2「風流大人形之内　一つ家」（歌川芳晴、安政3［1856］年4月、公益財団法人東洋文庫所蔵）

浮世絵師たちに生人形の様子を写させ、絵双紙屋や見世物小屋の「風流生人形」などと題して販売し、それも大いに売れたという。

その中の一枚が、妊婦の腹を割いて胎児を取り出した生人形を描いた、歌川芳《よし》晴《はる》のものである（図6-2）。妊婦はさるぐつわをされて両手両足を縛られ、鬼女に包丁で腹を裂かれてしまう。胎児はところどころ血に染まり、妊婦の血まみれの腹の上にある蓮の葉のような胎盤と臍の緒でつながっている。伝承によると、不治の病いを治すのに必要とされたのは胎児の生き肝であった。その目的で鬼女はまさに胎児を襲おうとしている。

この絵の右側の人物は誰であるのか不

明であったが、小松和彦は、安政三年に描かれた歌川国芳の「安達原一ッ家之図」の構図を分析し、「一つ家」の伝説は「安達ヶ原」以外にもあって、浅草寺《せんそうじ》近くの「浅茅が原の一つ家」伝説に登場する人物の絵柄が紛れ込んでいたことを明らかにしている。[*8] 歌川芳晴「生人形」の絵の構図もこれと同じであるが、ほかの絵とは異なり、妊婦の腹を割って血にまみれた胎児を取り出しているという変わった構図になっているという。その理由として小松は、興行の途中で構図を変更したか、芳晴が想像力を膨らませて描いたものと考えられるとし、「見世物研究者の川添裕《かわぞえゆう》氏の御教示によれば、芳晴は創意に富んだ絵師ではなかったので、次の興行すなわち両国の回向院における趣向であった可能性もある」と紹介している。[*9]

伝説において、胎児の生き血もしくは生き肝が求められていたことがわかる。また、かつてより胎児は、不老不死の薬とみなされることもあった。最も瑞々《みずみず》しい生命力をもつものを体内に取り入れれば、それにあやかることができるという発想である。なお胎児を薬として用いたという記述は、斉藤研一によると『今昔物語集』巻二九第二五話に登場する。平貞盛に悪性の瘡傷ができた際、京の医者に「児干《じかん》」という薬をすぐに使うようにいわれたという。この薬は、延文二（一三五七）年の『金瘡療治鈔《きんそうりょうちしょう》』や、明徳二（一三九一）年の『鬼法《きほう》』、中世末期の成立とされる『金瘡秘伝』など外科医学書の中にも記述がある。[*10] 医学書によると、「児干」という薬は、「乾燥させミイラ化した胎児を削りそいで粉末にしたもので、主に切断した筋や骨を継ぐための特効薬」という。堕胎あるいは流産した胎児という、入手が困難なものを利用しているため、「児干」は希少価値を生み、妊婦の腹を割いてまで胎児を求めようとする人もいたという。[*11]『金瘡療治鈔』によると、「妊娠四～五ヶ月で堕胎した胎児（ヲロシタル子）を干して用いる最高の良薬」とあり、『鬼法』には、乾燥させた臍の緒も「児干」と同じ効用を持つ薬と記されている。[*12]このように胎児は、さまざまな医学書にその効用が記されているように、薬として「狙われていた」ことがわかる。なお「児干」と同じ効用をもつとされる臍の緒は、堕胎や流産の胎児よりもはるかに入手しやすかった。次に、臍の緒の習俗について見ていきたい。

## 臍の緒は命を救う

漫画家・水木しげるの「追悼水木しげる 魂の漫画展」（二〇一七年）では、木箱に入った本人の臍の緒がガラスケースに展示してあった。そして本人の直筆で、木箱の蓋に「宝物」と書かれたメモが貼ってあった。数多くの作品を描き続けた漫画家の誕生の証である臍の緒は、たしかに「宝物」であるにちがいない。また臍の緒そのものも、万一の時に本人を助けてくれるという民間信仰によれば、「宝物」といえるだろう。

臍の緒は、胎児の臍と胎盤をつなぐ細長い帯状の器官で、母親の胎内で胎児に栄養物を送る重要な役割を果たす。自宅で出産していたころは、無事に赤ん坊が生まれると、産婆（助産婦、現在は助産師）が竹べラや鋏などで臍の緒を切った。

臍の緒は、赤ん坊の臍の方に少し残して切断し、それが乾燥して取れたものを大事に保管しておく習俗があった。主に明治期から昭和初期にかけての全国の妊娠、出産、育児の習俗を集めた『日本産育習俗資料集成』には次のように記されている。

臍の緒は葦《あし》で五寸目から切り、麻糸で結んでおく。短く切ると短命だという。臍の緒は奉書に包み赤白の水引をかけ生年月日何某何男何女と氏名などを記し、大切に保存しておき、その者が九死に一生の重病の場合にこれを煎じて飲ませると助かるという。当人死亡の際には棺に入れる。（岩手県　盛岡地方）[*13]

臍の緒を大切に保管し、重病の場合に煎じて飲ませたという慣習は、全国的に見られた。母体から栄養を送っていた臍の緒を、再度体に取り入れることにより、命を取り留めると信じられたのである。

『日本産育習俗資料集成』には臍の緒に関して、ほかにも薬用、魔除け、災難除けの呪物など多くの効用が紹介されている。臍の緒は、その持ち主である子ども本人の腹痛、疳《かん》、夜泣き、寝小便、肺病などにも効くとされ、また男児の臍の緒は女性の性病の、女児の臍の緒は男性の性病の妙薬とされた。[*14] さらに出征の場合、兄弟の臍の緒を身に付けておけば弾丸除けになるともいわれた。このように臍の緒は、本人の病気に対する妙薬だけではなく、兄弟や他人に対しても効き目のあるお守りとみなされた。

現在、大学生に自分の臍の緒はどこにあるかと尋ねると、母親が簞笥《たんす》の引き出しかクローゼットのどこかに保管しているはず、という答えが返ってくることがある。実物を見たことはないが、母親がそういっていたのを聞いたことがあるという。現在も、病院やクリニック、助産所などでは、産後、臍の緒を桐の木箱などに入れて、退院するときに手渡してくれるところも多い。

臍の緒に含まれる臍帯血《さいたいけつ》には赤血球、白血球、血小板など血液の元になる細胞などが多く含まれる。出産の際に、少しでも多くの臍帯血を子どもに送りたいと、臍の緒をしっかりと絞ってから切ってもらうよう希望する母親もいる。このような臍帯血の医学的な効用を、かつての人々がどれだけ知り得ていたかはわからないが、臍の緒を、母親と胎児をつなぐ命の緒《ひも》とみなし、出産後も万一のときの妙薬や子どもの一生を通じたお守りとする習俗は全国的に見られた。

臍の緒のように、かつて身体の一部であったものが、まさかのときにパワーを発揮すると考えられた身体部位は、ほかにもあるだろうか。身体から分泌された糞尿、汗、涙、鼻水、精液、爪、髪の毛、目や鼻の「目くそ、鼻くそ」などの分泌物は、身体から離れるやいなや不浄なものに転じる。好きな人の髪の毛は魅力的かもしれないが、いったん抜け落ちると、それは埃や塵などと同じく穢れたもの、汚いものとなる。かつて清涼飲料水のポカリ・スエットが発売されたとき、英語圏の人々の中には、汗を意味するスエットが飲み物の商品名となっていることへの嫌悪感が大きいと、ニュースで話題になった。汗は匂いを放つことから、不浄なものとみなされることが多い。とはいえ糞尿は、かつては堆肥として用いられたことから、単なる汚穢としてではなく、プラスの価値も付与されてきた。汚物もときに、黄金に代わる。

さらに月経の経血《けいけつ》も挙げられる。月経中の禁忌や俗信については民俗学においても多数報告されてきたが、波平恵美子は、ケガレを所与のものではなく、分析概念として提示し、人類学的な比較研究の方向を示した。*15

人類学の視点から、メアリ・ダグラスは、身体からの分泌物はすべて不浄の源泉であり、また不浄は危険をもたらすという認識につながっていると指摘した。ダグラスは、身体の排泄物が災禍《わざわい》の象徴ともなり能力《ちから》の象徴ともなるのはなぜかと問いかける。[*16] そして、あらゆる周辺部は危険を秘めており、肉体の開口部はとくに傷つきやすい部分を象徴しているゆえ、そうした開口部から溢出《いっしゅつ》する物質、つまり唾、血、乳、尿、大便あるいは涙といったものは、明白に周辺部の特徴をもった物質となり、溢出するというただそれだけのことによって、肉体の限界を超えたことになるという。身体から剥落したもの、皮膚、爪、切られた毛髪および汗などもまったく同様だと指摘する。[*17]

さらにダグラスによると、ある地域においては月経の汚穢は致命的危険として怖れられ、ある地域においてはそのようなことは全然見られないというように、あらゆる文化はそれぞれ独自の危険と問題とをもっている。ある文化の信仰によって肉体の周辺のどの部分に能力が宿るとされるかは、肉体がどのような状況を反映しているかによって決定されるという。[*18]

このようなダグラスの枠組みによると、身体の開口部から溢出するもの、また身体から剥落したものに関しては、文化によって危険の扱いが異なっているということになる。

たとえば中国では、古来、髪・髭・爪などに薬としての効能があったり、逆にこれらが病気の原因とみなされたりしてきた。[*19] また髪と爪には本人との間に類感的な関係、つまり身体から離れた髪と爪になされた行為が、当人にも影響を与えると認められたり、さらには本人の身代わりにもなると考えられたりした。このような例は、ジェームズ・フレイザーの『金枝篇』が示すように世界各地で見られた。[20] 中国では、髪や髭、爪を切るには日を選び、死者の残した髪・髭・爪も埋葬の必要があると考えられた。[21] 理由は二つあり、第一に屍体の一部であったものは穢れていて危険であり、生きている人間に災いや危険をもたらすとされた点、第二に髪や髭、爪などを鬼が持ち去るのを防ぐため、たとえ身体から剝落したものであってもきちんと埋葬しなければならない、と考えられた点である。ダグラスの指摘した身体から剝落したものがもつ災禍と能力を抑え込むために、わざわざ埋葬したことが推測される。

## 胎盤（胞衣）の習俗

身体の排泄物および身体から剝落したものがもつ、災禍の象徴とも能力の象徴ともなるありようについて、次に胞衣《えな》を素材に考えてみたい。胞衣とは、胎児を包んでいる卵膜と円盤状の胎盤などを指し、胎児は、母体内で胎盤を通して母親から酸素と栄養を受け取り、羊水と一緒に卵膜に包まれている。胞衣は、昭和初期ころまで、丁寧に埋葬しなければならないと考えられていた。

自宅で出産することがほとんどであった昭和初期の日本では、胞衣の処理は、産婆もしくは家族に任されていた。母親の身体の一部であった胞衣は、この世に留めておくものではなく、儀礼をともない、すみやかに「置かれ場所」である異界に戻すものとみなされた。そうしなければ胞衣が「荒ぶる存在」に変貌してしまうと考えられたからである。それゆえ胞衣は、家の玄関近くや戸口の敷居の側などに、胞衣壺などに入れて丁寧に埋められた。そして、埋める場所は外界と家の境界、つまり異界とみなされ得る場所が選ばれたのである。*22

中村禎里は、中世から近世、近代にかけて胞衣が丁寧に埋納されてきたことを明らかにしている。室町時代には、胞衣と荒神《こうじん》とを一体とみなす信仰があり、荒神の祟りを恐れて、胞衣を収める際には荒神に仁義を切るため塩をまいた例などを紹介している。*23 飯島吉晴は、御伽草子『天狗の内裏《だいり》』の中で、出産時に「えなぎん」（胞衣）を生死を司る姥神である奪衣婆に借りたという話に注目し、胞衣は一方では死装束とされ、彼此両界の霊魂の交通のメディアとされていた、と解釈する。*24

愛知県岡崎市には徳川家康の胞衣塚がある。胞衣塚は、後継ぎの誕生を誇示するとともに、その人物の誕生と、その地域を結びつける大きな指標であった。

胞衣に関する習俗が伝承されているのは日本だけではない。ジェームズ・フレイザーは

『金枝篇』で、「世界中の多くの地方で、臍の緒または更に一般的には後産《あとざん》（＝胞衣、筆者注）は嬰児の兄弟もしくは姉妹である生き物と見なされ、あるいは子どもの守護霊あるいはその魂の一部を宿す物質的存在と見なされている」と指摘した。[*25] 韓国の民俗学者である魯成煥《ノソンファン》氏が筆者に話してくれたのは、韓国では、かつて為政者の跡継ぎが誕生すると、行列を組んで胞衣を王宮まで運んだという事例である。沿道の人々に後継ぎの誕生とその権力をアピールするため、出産場所をわざわざ王宮から離れた場所に設けて、行列の距離を長くしたという。

## 胎盤を食べる

参考のため、中国の胞衣に関する民間習俗も見てみよう。永尾龍造の『支那民俗誌』によると、男子の誕生を望む場合、他家に生まれた男子の胞衣を盗み取ると目的を達成できるとされ、反対に胞衣を盗まれた子は早く死ぬという俗信があった。そしてそれを避けるために、胞衣は産部屋の地下、あるいは軒下に埋めて盗難を防ぐ習慣があったという。[*26] また、「子の無い婦人は、男の子の胞衣を焼き、その灰を酒に入れて飲むと男子を授かると云ふ」とあり、胞衣を「飲む」俗信が伝わっていたことが確認できる。[*27] とくに長男として生まれた男児の胞衣を元にして作られた漢方は最も効能があるとされ、「紫河車《しかしゃ》」と呼ばれていた。[*28] このように中国では胞衣は漢方薬の一種として、また男児を求める俗信の一つとして用いられたことがわかる。李時珍の『本草綱目』五二巻（一五九〇）にも、胞衣の薬効の対象としてさまざまな疾病が挙げられており、その基本的な効能は虚労や気虚、つまり身体疲労に効くことであった。[*29]

これらは、胞衣をもとに製薬した漢方薬を服用したり、「胞衣を飲む」という俗信であったり、必ずしも「胞衣を食べた」と記録されているわけではない。また井出季和太の『支那の奇習と異聞』にも、胎盤を食する慣習は報告されていない。[*30]

筆者が二〇一九年に中国浙江省のある村で話を聞いたところ、複数の村の女性たちが産後に胎盤を食べた経験を話してくれた。一九五〇年代から七〇年代初めにかけて出産した、七〇代から八〇代前半の女性たちである。

中国では、一九八〇年代に病院で出産するようになるまでは、産婆が自宅を訪問して助産していた。俗信や民間療法なども多く、産後の肥立ちに栄養補給として胎盤を食べたことも、その一つであったという。浙江省の村々では、一九六〇年から六三年にかけて自然災害が集中し、栄養価が高いと認識されるようになった胎盤を、産婆や家族が産婦に食するよう勧めた。ある女性は、胎盤の血抜きをして黄酒の中に入れて臭みを除き、ニンニクと一緒に炒めて食べたという。胎盤は、漢方でよいとされる「温かいもの」であり、産後の身体を整え、冷え性の人にも効くと考えられていた。それゆえ、出産した本人だけではなく、仲の良い友人にもこれを分け与えた。

日本でも第二次世界大戦中、食糧不足による妊産婦の栄養不良対策として、胎盤は有望な資源とみなされた。文部省学術研究会議による「乳幼児母性保健」の共同研究が昭和一八（一九四三）年から開始され、昭和二三（一九四八）年に京都大学医学部産科婦人科学教室の三林隆吉によって、胎盤から経口栄養剤が開発された。[*31]

濱千代早由美は、三重県で一九四〇年代後半から一九六〇年代半ばにかけて、助産婦や産婦の実母、祖母などが、胎盤の血抜きをして生姜やネギと共に醤油で煮つけたものを、産婦が産後の栄養補給の一つとして食べたという複数の事例を紹介している。興味深いのは、濱千代が胞衣処理の習俗と墓制を結びつけて考察し、「胞衣を食べた人々」は、ほとんどが両墓制を行う地域の人々だったと指摘している点である。[*32] 両墓制とは、遺体を埋葬する墓地と、石塔を建てて参る墓地を分ける墓制のことである。濱千代によると、土葬で両墓制を実践してきた人たちは、自分たちの身体を自分たちの手であの世に返してきた人たちであり、その延長線上に胞衣を食べることも位置づけられるのではないかと推量している。

近年では、「胎盤を食べた」という報告をネット上に上げる人々が増えている。「妻が第一子を出産し、この度、初めて食べました！」とか「レバーか刺身のようで、醤油をかけて食べました」といったものである。栄養を補う意味よりも、奇特な経験をSNSで報告することが強調されているようだ。

## 胎児からできたお守り

次に胎児に関連させて、タイのお守りを紹介したい。現代のタイでは縁起物やお守りに人気があり、仏教寺院などでさまざまな種類のものを入手できる。その一つが胎児にちなんだクマーントーン人形である。人形の色、大きさ、恰好は多様で、開運や商売繁盛を願う人々が購入する。図6‐3は、バンコク都フアランポーン寺護符授与所の陳列棚に並べられたクマーントーンである。値札には三〇〇〇バーツ、日本円で約一万円（二〇一五年、撮影当時）の値がつ

図6‐3　タイ、バンコク都フアランポーン寺護符授与所の陳列棚のクマーントーン（野津幸治氏撮影、2015年8月31日）

いている。興味深いのは、この人形が、妊婦とともに死亡した胎児の霊力を利用することによって、守護や開運のご利益を求めて世話、養育しながら所有するお守りであるという点である。[33] クマーンとは「童子（男の子）」、トーンは「黄金」を表し、あえて日本語に訳すと「黄金童子」になるという。[34]

関泰子によると、超自然的な存在を総称するタイ語は「ピィー」であり、タイの精霊信仰は「ピィー・サーン・テワダー」と表現され、この言葉の中に、守護霊、祖霊、精霊、幽霊、魔神、妖怪、天使、善悪、土着・外来の神々妖怪取り混ぜ、タイ人を取り囲む超自然的な存在が網羅されているという。そして「タイ人が最も恐れるピィーの一つは産褥死《さんじょくし》した妊婦の悪霊である。産褥死や事故死のように自然死ではない死に方はターイホンと呼ばれ、死者が現世に未練を残すがゆえに生者に災厄をもたらすと信じられてきた。特に、胎児と共に死亡（「ターイタンクロム」と呼ばれる）した妊婦の霊のこの世への未練はすさまじいと信じられている」という。[35] では、胎児の霊はどうなのだろうか。先行研究を含む関の説明を見てみよう。

妊婦の霊同様に恐れられているのが、ピィー・デック・ターイ・プラーイと呼ばれる胎児の悪霊である。[36] 伝統世界では、胎児が生まれる前に母子ともに死亡した場合、村の呪医が母子を別々に埋葬し、ピィー・プラーイとなるのを防ぐ。死亡時に妊婦の子宮から胎児を取り出さずに一箇所に埋葬すると、死んだ胎児はピィー・プラーイとなり人々の血を飲み漁るようになると信じられていたからである。[*37] そしてこの死んだ胎児の霊が神へと祀り上げられたのが、クマーン・トーンなのである。[*38]

ちなみに日本においても、亡くなった妊婦と胎児を別々にして埋葬しなければ、姑獲鳥になって化けて出るという民間信仰があった。実際に妊婦の腹を割いて胎児を取り出して妊婦と分けて埋葬することもあり、近世にはそのような猟奇的な方法を未然に防ぐため、曹洞宗の僧侶たちが読経や人形の埋葬で代用できると広めてまわっている。[*39] しかし、この習俗に関連させて、クマーントーンのように胎児の霊そのものを祀ったりすることはなかった。また一九八〇年代に新しい習俗として水子供養が広まるが、これは胎児の霊を供養することが目的で、神へと祀り上げたものではない。胎児の霊に対するタイと日本の人々の意識や対処の違いを明らかにするため、もう少しクマーントーンについて見ていこう。

クマーントーンは、どのようにして造られてきたのだろうか。野津幸治によると、アユッタヤー時代（一三五一～一七六七）に存在したと信じられているクマーントーンは、胎児そのもので造られているという。その古式製法は、夜間にひとりで死体の入手に出かけ、胎児

図6－4　タイ、サムットプラーカーン県の信奉者のクマーントーン（野津幸治氏撮影、2017年8月31日）

呪文を吹きかけた霊験あらたかな短刀で母親のお腹を切開して胎児を取り出し、呪文を唱える。次に寺院の儀式に移り、夜が明ける前に子どもの死体を火であぶって完全に乾かす。その後、再び儀式を行ったあと、死体全体に漆を塗って金箔を貼り、最後に招請の文句を唱えて完成させる。[*40] 先述した日本の安達ヶ原の鬼女伝説において、妊婦の腹を切り裂いて胎児を取り出そうとする鬼女を彷彿させるかのような方法である。

野津幸治は、どこかで妊婦が亡くなったという情報を確実に得たり、特定の妊婦の胎児を特定の日に入手したりするには、殺人という手段を使うほかなく現実的ではないため、またアユッタヤー時代は現代に比べ安産が相当少なく、呪術が日常生活の中で必要だったことが推測されるにしても、クマーントーンの古式製作が頻繁に行われたとは想像しにくいと指摘している。当時のクマーントーンは、開運や御利益を得るためのお守りというよりは、クマーントーンの霊力に頼り、所有者が危険から自分の身を護る道具として存在した。*41

現在のクマーントーンの新式製法の一つは、次のような方法である。*42 材料は金属、象牙に彫刻を施したお守り、石膏、レジン樹脂、七ヶ所の墓地の土、船着き場の土、八重咲きラックの木またはマヨムの木、寺院の布薩堂《ふさつどう》の周囲にある結界に付着した苔、土曜日に死亡し火曜日に火葬した人の遺灰などであり、これらの材料を単独、または混合させて男児像の人形を造り、呪文の知識を有する仏教僧や呪術師などが呪文を吹きかけ、子どもの霊を人形に宿らせる。近年ではさらに、「新式製法」の主流の素材であった七ヶ所の墓地の土や霊験あらたかな粉末も、ほとんどが金属や樹脂に置き換わってきている。

人々はこうしてできあがったクマーントーンを購入し、家のしかるべき場所に神棚を設置してこれを置き、食べ物、飲み物、お菓子を欠かさず供えて、頻繁にクマーントーンに話しかける。

図6-4は、この民間信仰の信奉者Pさんの祀るクマーントーンである。野津幸治の調査研究によると、Pさん（六七歳女性）はサムットプラーカーン県の信奉者であり、約三〇年前、Pさんの一五、六歳の娘に慢性的な頭痛とめまいが起こったとき、医者に診てもらったが治らず、霊媒に相談したところ、クマーントーンを受け取るようにいわれた。そ

の後、娘の病気が治り、クマーントーンを拝むようになったという。現在はクマーントーン四体と、「クマーリートーン」と呼ばれる女児の小型の二体を祀り、仏日（タイ上座部仏教徒の聖日）にお茶と果物を供えているという。[*43]

これらクマーントーンは、現代にも続く、胎児の霊力にちなんだタイの民間信仰の一つといえるだろう。

## 骨を口にする

次に、最初に取り上げた「骨こぶり」の習俗のように、人の骨を口にする習俗を紹介したい。たとえばヤクザの親分が亡くなったときに、子分たちが親分の遺骨を粉にしてそれを呑み、結束を固めることがある。親分の身体の一部を、子分たちの身体に取り入れることによって、縁を確固たるものにするためと考えられる。これは固めの盃などと同じで、人間関係の強化を狙ったコミュニケーションの一つと捉えられる。口に含むものが親分の遺骨の一部となれば、所属する組への思いはいっそう強くなり、また子分どうしの精神的な結束も固くなると考えられる。

このような結束を強める場合とは別に、薬として骨を服用することもあった。藤井正雄によると、「今日ほど医学も発達せず、医薬品の乏しかった時代には、子孫に繁栄をもたらす遺骨崇拝の文化的伝統から、不治の病とされた肺結核・梅毒ほかの難病に、屍体を喰い、髑髏水・脳漿《のうしょう》を飲み、頭骨を黒焼きにした粉末を飲むことが妙薬とされた迷信が、難病に苦しむ人びとの一部に伝えられてきたことは事実である」という。そして藤井は、大正から昭和初期にかけて、墓地をあばき、頭蓋を切り裂いて脳漿を搾り取ったり、骨を削って妙薬とする陰惨醜悪をきわめた犯罪が行われてきたことを紹介している。[*44] これも、本来は葬送儀礼によってあの世へ送るべき遺体を、もう一度この世に引き戻し、強力なパワーを身体に取り入れることによって、病いを治そうとしたものと解釈できる。

遺骨を口に含む行為は、なかば儀礼のようになったものもあれば、そうでないものもある。アナウンサーの小川宏は、テレビ放送が始まった一九五三年から「ジェスチャー」という人気番組で司会を務めていた。その中で、青森市出身の俳優・田崎潤のエピソードを次のように書きとめている。

役者を志して青森を出るとき、母上は田崎さんの着物の襟に十円玉を縫いこんだ。方言がひどくてなかなか陽《ひ》の目をみることはなかったが、戦後ようやく活躍しはじめたころ、母上の訃報《ふほう》に接した。監督のはからいで急ぎ帰郷したときはすでにお骨になっていた。悲しさのあまり思わずそれを口にしたという。聞かされた私は、〝骨肉の情〟にほろりとさせられた。[*45]

異界のパワーを得ようとして遺骨を口にしたわけではない。哀しさのあまり、思わず口に含んでしまったという話である。

もっとも、まったく異なる反応を示した事例もある。山田仁史がカニバリズムの研究の中で紹介した、民俗学者・金田《かねだ》久璋《ひさあき》の経験である。金田は、四一歳で他界した父の焼き場の骨ひろいの際に、遠縁にあたる男が石灰状になった脳みそをひとつまみ口に入れ飲み込んだ情景が、小学二年生になったばかりの自分には、目をおおいたくなるような異常な体験であったと述懐している。[*46] 遠縁の男は、自分は極道者だから、利口なひとの骨でも食べてあやからせてもらおう、と考えたらしい。飲み込んだものが骨ではなくて「石灰状になった脳みそ」だったという点は、遠縁の者が断りもなく口に入れること以上に、大きな衝撃であっただろう。骨と脳みそとでは、同じ身体の一部であっても意味づけが異なる。骨こぶり、骨かみの習俗は、やはり骨でなければならない。

本章で見てきたように、身体に取り入れることによって強力なパワーを得ようと人々が考えた身体部位は臍の緒、胞衣、胎児、遺骨などである。故人との関係を保つために遺骨を口にするという点を除けば、臍の緒も胞衣も胎児も、すべて命の誕生に関わっている。伝承上では、胎児の生き肝を得ることは、残忍さを押して手に入れたがゆえに、その効力も大きいと考えられたのかもしれないが、何よりも、最も生命力に満ち溢れた身体部位と捉えられていたことは確かである。

現在、胞衣はプラセンタとして、また臍の緒は臍帯血《さいたいけつ》としてその価値が知られてはいるが、かつての人々は臓器の医学的な効用を経験的に知っていたのだろう。そして、生命の誕生に関わる臓器をもう一度、身体に取り入れることによって、尋常ならざる力が得られると期待するような身体観を併せもっていたのだと考えられる。

# 第七章　胎児への関心

# 狙われる妊婦

第六章では、胞衣や臍の緒、胎児などが、万病に効く薬や魔除けとみなされてきた例を紹介した。たとえば安達ヶ原の鬼女伝説では、鬼女は妊婦を狙って胎児の肝を手に入れようとしたが、その背景には、胎児には生命の源としての力が最も備わっているという人々の意識があったと考えられる。とはいえ、明治一八（一八八五）年に発表された月岡芳年の「奥州安達がはらひとつ家の図」（図6-1）は、鬼女が妊婦を逆さ吊りにして殺そうとしている場面であり、風紀を乱すとして明治政府が発禁処分にしたという。この絵では、妊婦の身体と胎児は、まさに「狙われる身体」であった。

妊婦と胎児に注目すれば、これより少し前の明治一四（一八八一）年には、歌川国利《うたがわくにとし》（一八四七〜一八九九）の錦絵「妊婦炎暑戯《みもちおんなななつのたわむれ》」が刷られている（図7-1）。鮮やかなピンク色を背景に、紫や青、赤の腹帯を巻いた裸体の妊婦が、まるで踊っているかのように配置され、開かれた腹には胎児が描かれている。本章では錦絵「妊婦炎暑戯」を手掛かりに、明治時代になって妊婦と胎児の捉え方がいかに変化したのか、西洋医学を含む科学とエンターテインメントの狭間に注目しながら明らかにしていきたい。

図7－1「妊婦炎暑戯」明治14（1881）年（中野操編著『錦絵医学民俗志』金原出版、1980年）

## 明治初期の錦絵

「妊婦炎暑戯」は明治時代の錦絵である。錦絵は、江戸時代に流行した浮世絵の中で多色摺りの木版画を指し、名所絵や美人画、歌舞伎の役者絵や春画、人々の生活や習俗など多彩な素材が描かれた。[*1] 明治時代初期の錦絵には、文明開化の光景を描いたもの、たとえば「開化《かいか》因循《いんじゅん》興《こう》発鏡《はっかがみ》」（昇斎一景画）、「因循開化流行撃剣会」（昇斎一景画）など、開化と因循（古い習慣を守って改めようとしないこと）を対照させ、開化＝西洋の圧倒的な優位を図解したものが数多く出回ったという。[*2] また当時の「洋風生活」に必要なものとしてパン、洋食、マッチ、シャボン、ペン、シャツ、洋服、帽子、靴、洋傘、ステッキ、ストーブなどが挙げられ、このころの広告である引札には「舶来品」、「西洋」といった文字が必ずといっていいほど使われた。[*3]

錦絵の中には、「五頭十体図《ごとうじったいず》」と呼ばれる、身体を組み合わせて描いた絵がある。もとは中国から伝わってきた技法であり、浮世絵師によって描かれた最も早いとみなされる五頭十体図は、天保年間（一八三〇〜一八四四）ころに五湖亭《ごこてい》（歌川《うたがわ》）貞景《さだかげ》が作った、五人の子どもを三人と二人に分けて連環状に組み合わせた「五子十童図」である。一つの頭が二つの胴体を所有する身体の組み合わせを基本としており、子どもだけでなく兵隊やサーカス、芸者などさまざまな五頭十体図が描かれた。[*4]

その一つが、冒頭で紹介した「妊婦炎暑戯」である。これは、右側に妊婦の三つの頭と六つの胴体からなる組み合わせ、左側に二つの頭と四つの胴体からなる組み合わせを置き、典型的な五頭十体図の構図を採っている。詞書の最後にも「此図ハ婦女五人の頭ニて　四方ヨリ見れバ十人ニ成也」と記されている。妊婦の二つのグループは、足首にかけた紐や、踵を支える手などでつながっている。「五頭」と記された扇や団扇をもつ妊婦、本を読む妊婦などで、簪《かんざし》や髪飾り、腹に巻いた腹帯の色や模様も多彩で鮮やかである。中には遊女とおぼしき女性や、その髪型から一〇代の少女とみられる妊婦も含まれていることから、この錦絵は、ポルノグラフィとして、男性の受け手を充分に意識して描かれたとも考えられる。

香川雅信・木場貴俊が指摘するように、明治一〇年代までは、人々は木版印刷による錦絵や草双紙《くさぞうし》、あるいは玩具などを楽しんでいた。それらが急速に衰退し、新たなメディアやさまざまなモノに取って代わられるのが明治二〇年代であり、[*5]出版においては、和紙から洋紙へ、木版印刷から活版印刷へ、和装から洋装へと本の作り方が根本的に変わっていった。[*6]このような変化の中で錦絵は、「民衆の生活世界、経験の世界のなかに、西洋＝科学の世界を通俗化させるメディアとして」大きな役目を果たした。[*7]では、妊婦の五頭十体図である「妊婦炎暑戯」にも、「西洋＝科学の世界」は描き込まれていたのだろうか。また妊婦の身体だけでなく、胎児へもどのような眼差しが向けられていたのだろうか。先行研究は一八世紀以降の西洋の解剖図において、女性の身体が医学的な眼差しにからめとられていくことを明らかにしているが、[*8]次に胎児と妊婦の身体についても考察したい。

## 描かれた胎児の成長

「妊婦炎暑戯」の詞書の内容は、大きく三つに分けられる。最初に子どもをもつ重要性を説き、中盤で受精と一〇ヶ月の胎児の様子を記し、最後に親への恩を示して締めくくっている。左記は、詞書の冒頭部分である。

古歌ニ　世の中に富貴なりとも子なき身ハひとり旅する心地なりけり
実に子なきものハたからあれどもたのしからず　年老て最便《いと》りなし　爰《ここ》を以て男女共年頃に成る時ハ聟嫁《むこよめ》を定め　児を設《もう》け　年老て安心を計る事肝要なり

現代語訳は、「古歌に、「世の中で、富貴ではあるが子どもがいない身は一人旅をしているような心地である」とある。子どもがいない者は、宝があっても楽しくはない。年老いて、たいへん心細い。だから男女とも年頃になれば聟・嫁を決め、子どもを設け、年老いてからの安心を計ることが肝要である」となろう。

このように、子どもをもって安心を得ることの重要性が説かれる。

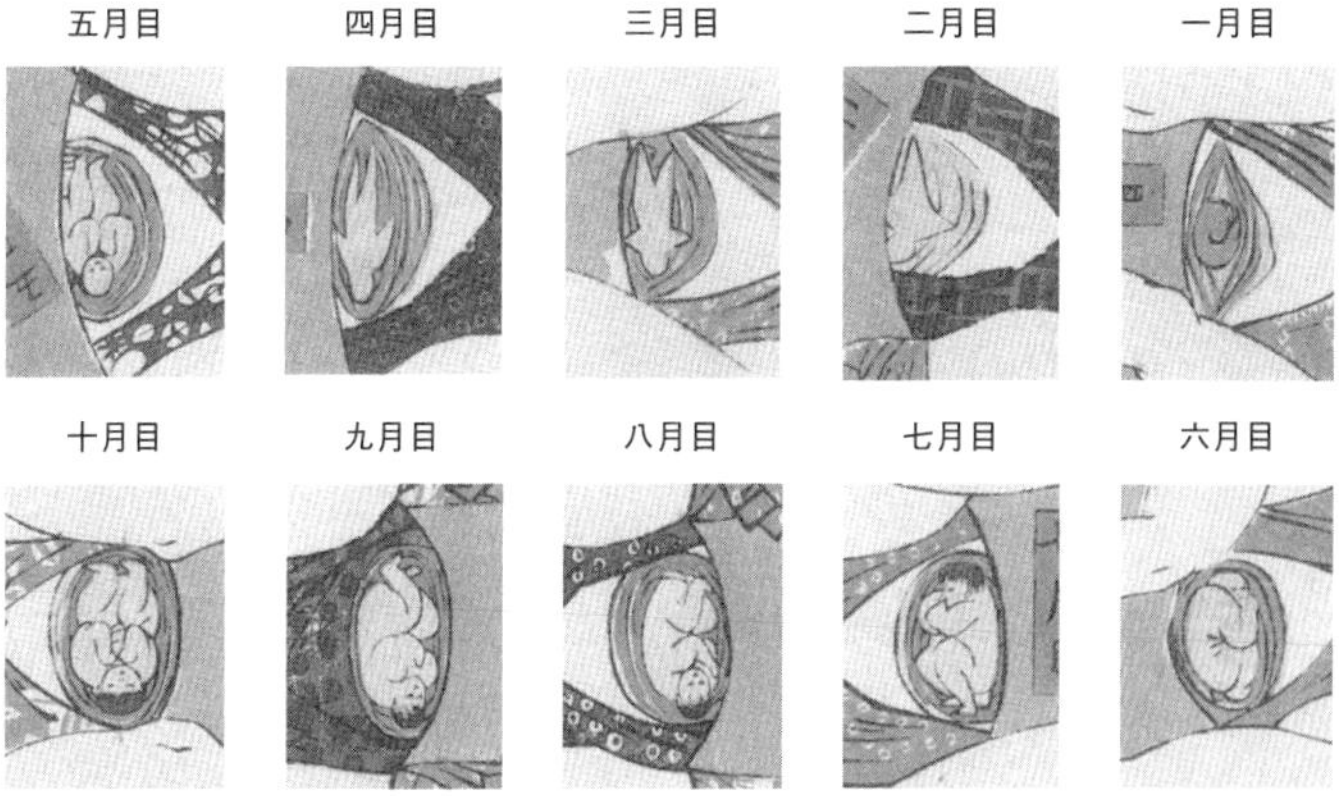


図7－2 「妊婦炎暑戯」から切り取って月ごとに並べた胎児（中野操編著『錦絵医学民俗志』金原出版、1980年）

注目したいのは、「五頭十体図」の表現により、まるで踊っているかのように配置されている。妊婦のお腹に描かれた胎児である。妊婦の上半身は一〇体あり、それぞれ腹のそばに「三月目」「八月目」などと書かれている。つまり妊婦の上半身は、一〇ヶ月の各月の胎児の様子と呼応している。一月目から四月目までの妊婦の腹は平たいが、五月目以降からは少し前に膨らんでいる。

錦絵の妊婦の腹に描かれた胎児の様子を詳しく見ていくため、各月の胎児を切り取って並べてみたのが図7－2である。これは妊娠一〇ヶ月の各月の胎児の様子を描いた「胎内十《たいないと》月図《つきのず》」を意識してのことである。「胎内十月図」や見世物を詳細に検討した川井ゆうによると、一七世紀にはすでに胎内十月の見世物があり、「胎内十月」という語彙は一八世紀の前ころには登場してきていただろうという。[*9]
筆者が分析のために、「胎内十月図」の表現をまねて切り取った、「妊婦炎暑戯」の胎児の図（図7-2）に戻ろう。
まず妊娠一月目の胎児は、赤くて背中を丸めた物体のようで、二月目はひし形のような形、三、四月目になって人の形に描かれている。五月目の胎児は膝をかかえて身体を丸める姿勢をとっている。五月目以降、胎児ははっきりと人の形に描かれていることがわかる。そして六～九月目に胎児は少しずつ大きくなり、黒い髪の毛がはえ、顔の表情も識別できる。頭が上向きであった七月目の胎児は、八月目に再び頭を下向きにしている。このように、受胎から一〇月を経て誕生するまでの胎児の成長過程が、順を追って描かれていることがわかる。
では次に、この部分の詞書を見てみよう。

先《まず》　子種やどる時ハ
婦人の腰骨の両側に並ぶ卵巣に男子の精液をおくるを初めとして
其形《そのかた》ち蟻の如く
一月の末にハ余程大きくなりて蜜蜂の如く両腕がめぐみはじむ

二月目に脛と足とか見へはじめ
足の指ハ分れずして蛙の足に似たり
三月目の末にハ児の形体《からだ》大略《あらまし》そなハり
四月目に至れハ首の大さと体の大サ比《おな》じく
五月目にハ瞼《まぶた》が生じ口ハ弥々《いよいよ》陸《たか》く耳鼻が現ハれ
心の臓全く備はれども未だ血の気なし
六月目にハ静脈に血を運びて心の臓におくる変化あり
七月目に至れバ指も見え頭に糸の如き毛を生し
男女の区別をなして筋骨を固むる事を始むれバ
婦人の子宮ハ上に昇りて下腹に入る
然れども智恵ハ未だなし
八月九月目の間ハ只々大きくなるを増すのミなり
十月に満ちて安産誕生する、天地自然の理《り》なり

（筆者注　読みやすくするため、適宜改行をしている）

詞書によると、「子種やどる時ハ婦人の腰骨」、つまり骨盤の両側にある「卵巣」に「精

液」が送られ受精し、その形は「蟻」のようで、一ヶ月が過ぎるころには大きくなって蜜蜂のようになり、そして両腕が育ち始める、と記されている。また七月目に男女の区別ができ、妊婦の子宮は上に上がり、胎児は下腹に入る、とある。このように錦絵の詞書には、「卵巣」「精液」という西洋医学に基づく言葉が用いられ、受精卵という用語はないものの、「蟻」や「蜜蜂」のような譬《たと》えでその大きさや形について言及がなされている。譬えが適切かどうかはさておき、身近な昆虫を用いて形や大きさを記し、できる限り客観的に、つまり「科学的」な記述を試みようとしたものと考えられる。

詞書の最後には「十月に満ちて安産誕生する　天地自然の理なり」とあり、一〇月で安産となり、子が誕生することを「天地自然の理」としている。そして「婦人産の気つきて胎内の児を誕生するの刻ミその苦悩何にたとへんやうもなし、爰を以て親の恩を知る」と、女性が産気づいて子どもを出産する際の苦悩は何にも譬えがたく、これによって親の恩を知る、とまとめている。

## 明治時代の出産環境

次に、錦絵「妊婦炎暑戯」が描かれた当時の出産の様子について概観しておこう。明治維新による新しい時代の幕開けとともに、新政府は妊娠、出産また堕胎などの生殖の機会に介入するようになった。取り締まりの対象となったのは、堕胎を行った女性だけでなく、間引きや堕胎にも協力していた産婆も含まれた。明治政府は、江戸時代に行われていた間引きや堕胎などの行為が近代国家にふさわしくないと判断し、明治元（一八六八）年一二月に産婆の売薬と堕胎の取り扱いを禁止する。産婆の堕胎への関与が公に認められなくなったため、女性たちは闇で危険な堕胎を続けた。[*10]

一八七四年、明治政府は東京、京都、大阪に「医制」を発布して産婆の資格を明確化した。政府は西洋医学を学んだ、助産に関わる女性の専門家の養成に努め、一八九九年には、産婆に関する全国統一の規則を制定し、産婆の試験が本格的に始まった。その結果、約三〇年を経た一九三〇年には、資格をもった新しい産婆が全体の九割を占めるようになった。[*11]産婆は、明治時代に新しくもたらされた観念である「衛生」に気を配るとともに、それまでは妊婦が座ったり四つん這いになったり、自由な姿勢で臨んでいたお産に、産婆が介助しやすいよう仰向けになってお産する方法を広めていった。

一八七一年、明治政府は新律綱領を制定し、堕胎を罪とする法律の制定を視野に入れて議論を始めた。[*12]一八八〇（明治一三）年には、日本で最初の近代的な刑法が公布され（施行は一八八二年）、その中に「堕胎ノ罪」の条項が設けられた（第三三〇条、三三一条[*13]）。これによると、堕胎を行った女性は一ヶ月以上六ヶ月以下の懲役刑、堕胎手術（投薬を含む）を行った者も同罪となった。また堕胎手術に失敗し、女性を死なせた者は一年以上三年以下の懲役刑と定められた。この後、刑法は一九〇七（明治四〇）年に改正されたが「堕胎ノ罪」は継続し、刑期が長くなった。

妊娠一〇ヶ月の様子を描いた「妊婦炎暑戯」の錦絵は、堕胎を行った女性が刑法にて罪となる「堕胎ノ罪」が公布された、翌一八八一年に発表されたのである。

## 「胎内十月図」の系譜

受胎から出産まで、胎児が成長する様子を月ごとに示した図は、先述のように「胎内十月図」などと呼ばれ、さまざまに描かれてきた。「胎内十月図」は、古くは道教医学の胎生学の影響のもとで成立したとされるが、これとは別に密教的な系統の「胎内十月図」も存在し、これが次に紹介する元禄時代の『女重宝記《おんなちょうほうき》』など女子教訓書に用いられた。[*14] さらに日本の「胎内十月図」の前提には、中国文化とインド仏教における妊娠・胎発生論の歴史がある。[*15] インドにおける発生学の起源は古いが、こちらにも一〇ヶ月にわたる胎児の変化が説かれている。[*16]

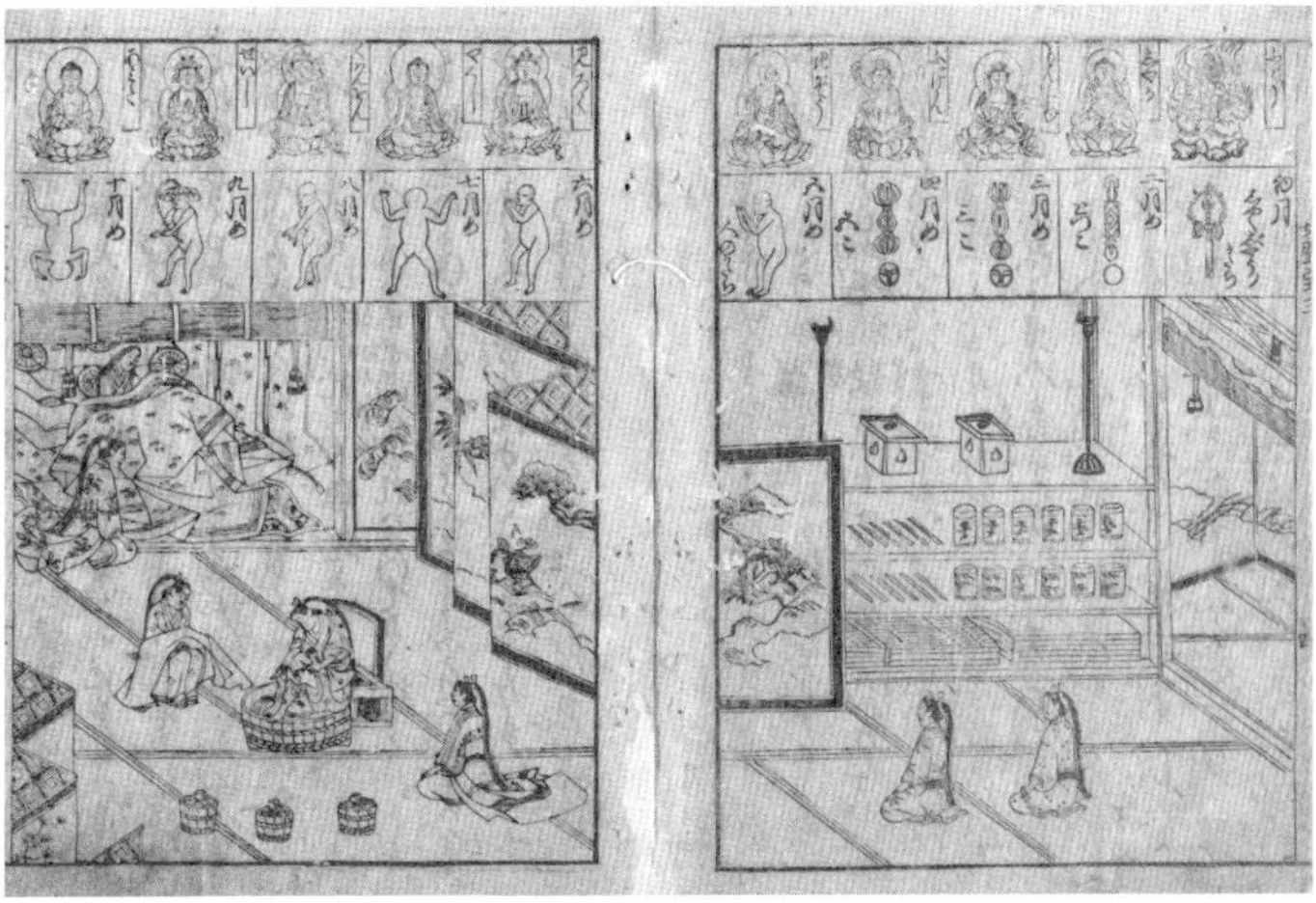

図7－3　艸田寸木子『女重宝記』5巻（元禄5［1692］年、国立国会図書館デジタルコレクション）

中世においては、胎児の成長の図は「胎内五位」と呼ばれる五段階に分けて描かれていた。[17] ドルチェ・ルシアは、その背景には中国仏教とは別のパラダイム、つまり中国起源ではあるが、日本独自のものとして成立した宇宙論的なパラダイムが存在していたからではないかと推測している。[18]

近世には、一〇段階で示された胎児の成長の図が、人々の間に広く知られるようになっていく。艸田《くさだ》寸木子《すんぼくし》（苗村《なむら》丈伯《じょうはく》）（生没年不詳）が元禄五（一六九二）年に五巻五冊で刊行した『女重宝記』は、人々に広く読まれ、「胎内十月図」も多くの人々に影響を与えた。『女重宝記』は、女性が身に付けるべき作法や心得、

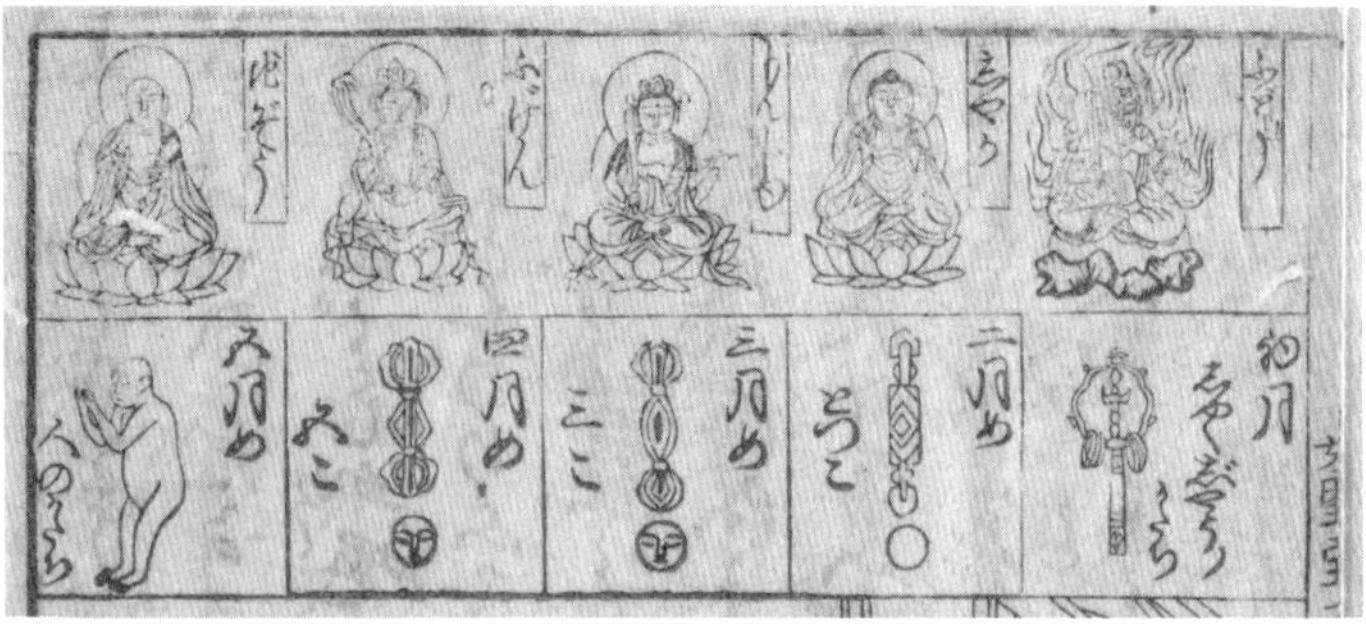

図7－4－1　初月から六月目までの胎児「胎内十月図」艸田寸木子『女重宝記』5巻（元禄5［1692］年、国立国会図書館デジタルコレクションより一部トリミング）

諸芸や言葉遣いなどを絵入りで説明した女性のための教訓書であり、巻之三は懐妊の事を記している。*19ここに出産の様子を描いた挿絵が含まれており、絵の上部には「胎内十月図」が、下部には産後、椅子に座る産婦と、赤子に盥で産湯を使わせる女性が描かれている（図7－3）。右側の蠟燭が置かれた棚には上段と下段に六つずつ、合計一二の桶がある。これは、胞衣を埋めるときに使う曲げ物の胞衣桶で、一年一二月分にあたる一二個もしくは閏月を含めた一三個が用意された。その脇にあるのは臍の緒を切る竹刀、下段に積んであるのは胞衣桶を包むときに使う菰《こも》である。

「胎内十月図」の胎児の姿は、初月は錫杖《しゃくじょう》、二月目は独鈷《どっこ》、三月目は三鈷《さんこ》、四月目は五鈷《ごこ》でいずれも仏具の形をしている（図7－4－1）。そして「五月め」に初めて「人のかたち」となる。四月目までの

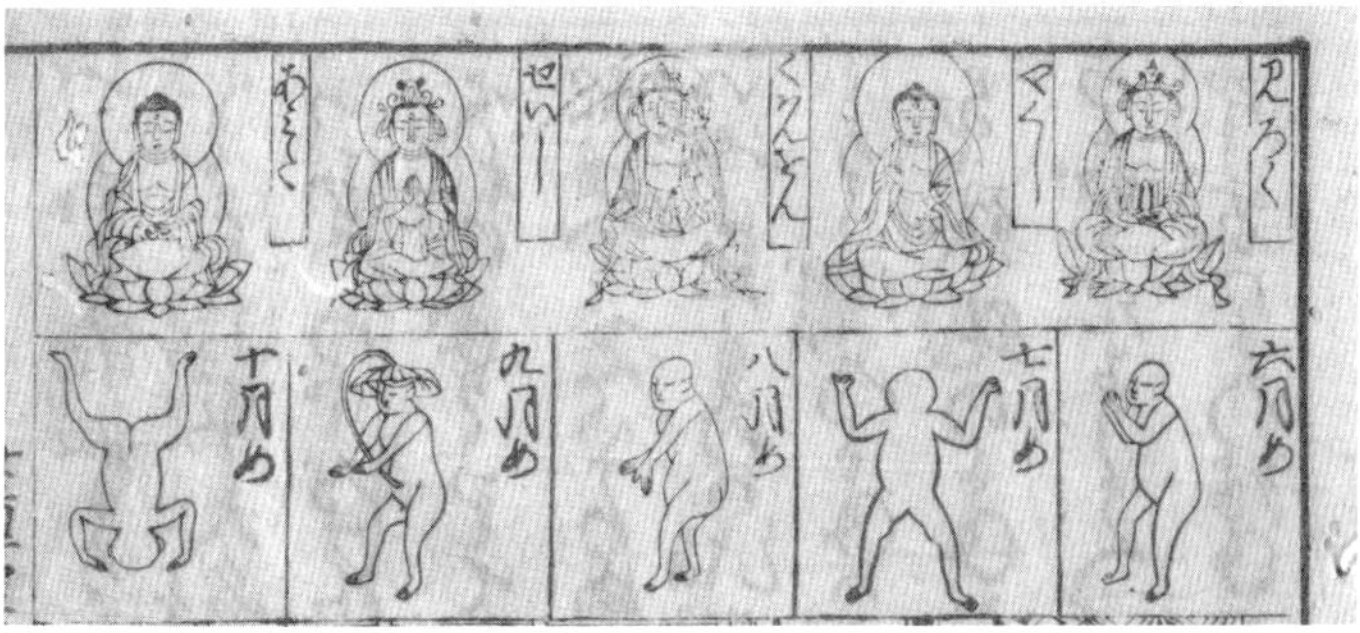


図7－4－2　六月目から十月目までの胎児「胎内十月図」艸田寸木子『女重宝記』5巻（元禄5［1692］年、国立国会図書館デジタルコレクションより一部トリミング）

胎児が仏具で描かれ、五月目からは人のかたちとなることから、五月目が胎児の成長の節目とみなされていたことが窺える。沢山美果子は「既に近世後期には、妊娠五ヵ月を境に実感的、視覚的な赤子のイメージで胎児の生命を認める生命観が生まれつつあったのではないだろうか」と分析している。[*20] 妊娠五月目は妊婦が胎動を感じたり、お腹が大きくなったり、身体に変化を感じる時期でもある。

また九月目の胎児は、胞衣を連想させる蓮の葉を頭に被っており、一〇月目の胎児は頭を逆さまにした姿で描かれている（図7－4－2）。胎内にて胎児が頭部を下に向けた姿勢でいることは、賀川《かがわ》流産科の基礎を築いた賀川玄悦《げんえつ》（一七〇〇〜一七七七）の『子玄子《しげんし》産論《さんろん》』（一七六五）に明記されている。[*21] 玄悦は、母体の命が危険なときに、死んだ胎児を鉄の鉤で取り出し、母胎の生命を救う回生術を考案した。

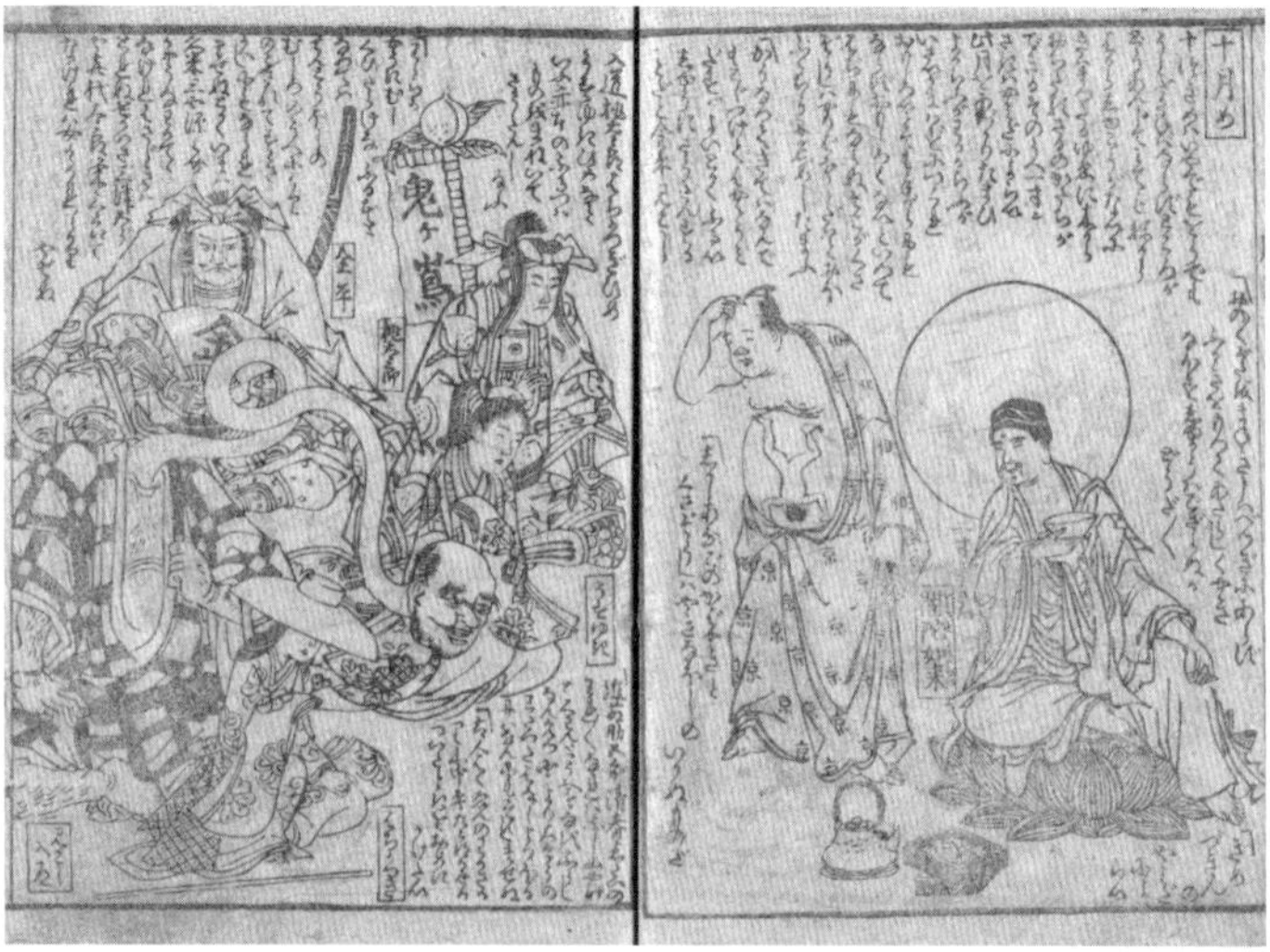

図7－5 『作者胎内十月図』3巻（山東京伝戯作、鶴屋喜右衛門出版、享和4［1804］年、国立国会図書館デジタルコレクション）

イギリスでは、ウィリアム・スメリー（William Smellie, 一六九七〜一七六三）の産科書 "*A sett of anatomical tables, with explanations. and an abridgment, of the practice of midwifery; with a view to illustrate a treatise on that subject, and collection of cases.*" の図譜が、胎児の頭が下になる正常胎位を明らかにしており、この刊行は一七五四年である。[*22] 杉立義一は、賀川玄悦がスメリーとは関係なくほぼ同時代に「正常胎位」を発見したことを「江戸時代わが国医学の世界に誇りうる業績の一つ」[*23]として評価している。

とはいえ、それは女性の身体が

「産む身体」として客体化され、医学の対象となっていくことにもつながった。荻野美穂はヨーロッパにおいて、子宮や卵巣が男性生殖器の裏返しではなく女だけに存在するユニークな器官であるとの認識が、これらの器官に対する男たち、とりわけ医師の側からの執拗な関心と干渉を招き寄せたと指摘し、この現象が医学の一分野としての産科学の成立と密接な関係をもっている、と分析している。[*24]

『女重宝記』は改刻を繰り返し、「胎内十月図」も含めて女性たちの間に広まっていった。江戸後期の戯作者であり読本《よみほん》作家の山東京伝《さんとうきょうでん》（一七六一～一八一六）は、享和四（一八〇四）年に『作者胎内十月図』（鶴屋喜右衛門出版）を出版した。これは、戯作者が草双紙の内容を思いつき、完成させるまでの苦労を、妊娠から出産までの一〇ヶ月に見立てた作品で、作者の腹の中に胎児が描かれるなど「胎内十月図」のパロディとなっている。一〇ヶ月目の完成の折には、作者の腹に頭を逆さにした胎児が描かれ、阿弥陀如来ならぬ「闇陀如来」が隣で盃を手にし、その様子を妖怪「見越し入道」らが見入っているという愉快なシーンが描かれている（図7‐5）。このように江戸時代後期には、「胎内十月図」が、パロディも含めて広く大衆に受け入れられていたことがわかる。

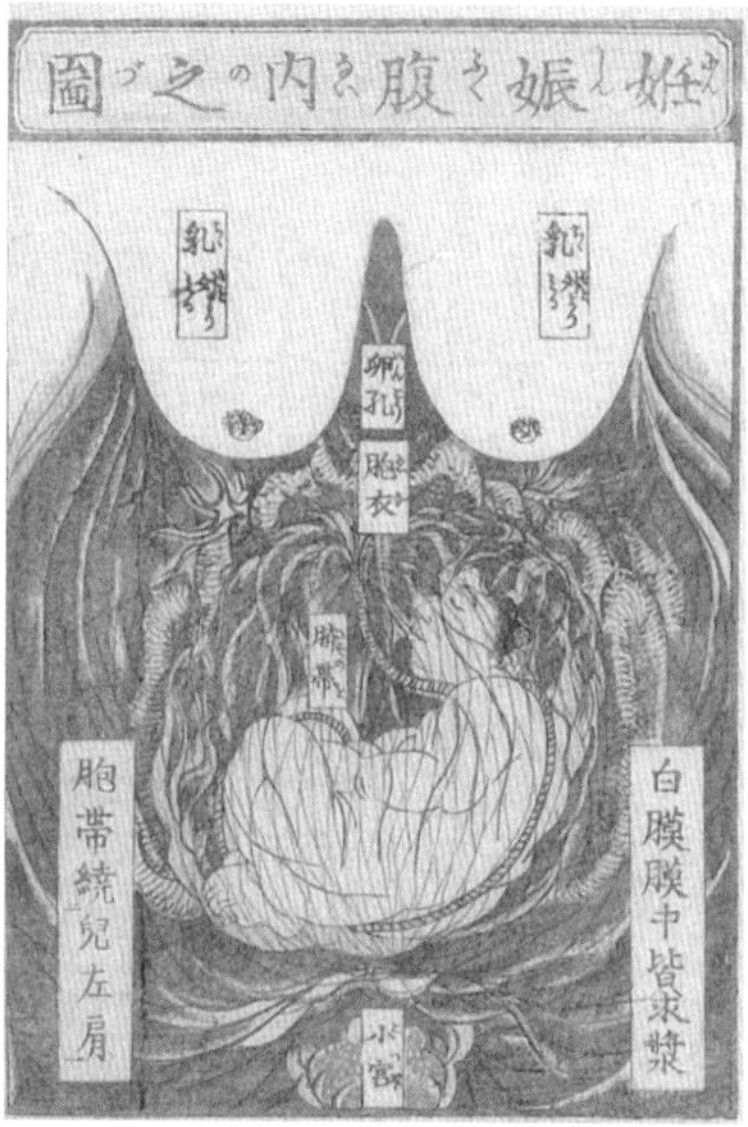


図7－6「妊娠腹内之図」（渓斎英泉作『閨中紀聞枕文庫』文政5［1822］〜天保3［1832］年、国際日本文化研究センター所蔵）

## 女性器の描写

江戸時代後期には、胎児だけではなく、女性器そのものも詳細に描かれていた。図7－6は、渓斎英泉《けいさいえいせん》による『閨中紀聞枕文庫《けいちゅうきぶんまくらぶんこ》』（一八二二〜一八三二）であり、女性器を外側と内側から描いた絵である。女性器を外側から描くことはできても、内側からとなるとある程度の医学的な知識と想像力が必要となる。『閨中紀聞枕文庫』の子宮内部の図では、胎児は臍とつながる臍帯とは別の、胞衣から伸びる管をくわえている。これは実際には存在しないが、当時の人々が胎児は胎内で母親の乳を呑むと考えていた「乳綱《ちづな》」であるという。[*25] 沢山美果子は、「乳綱」という言葉が、乳がまさしく胎児にとっての命綱だと人々が考えていたことを示していると分析する。[*26] またこの絵は、子宮内部を示した解剖図というよりは、房事を扱っ

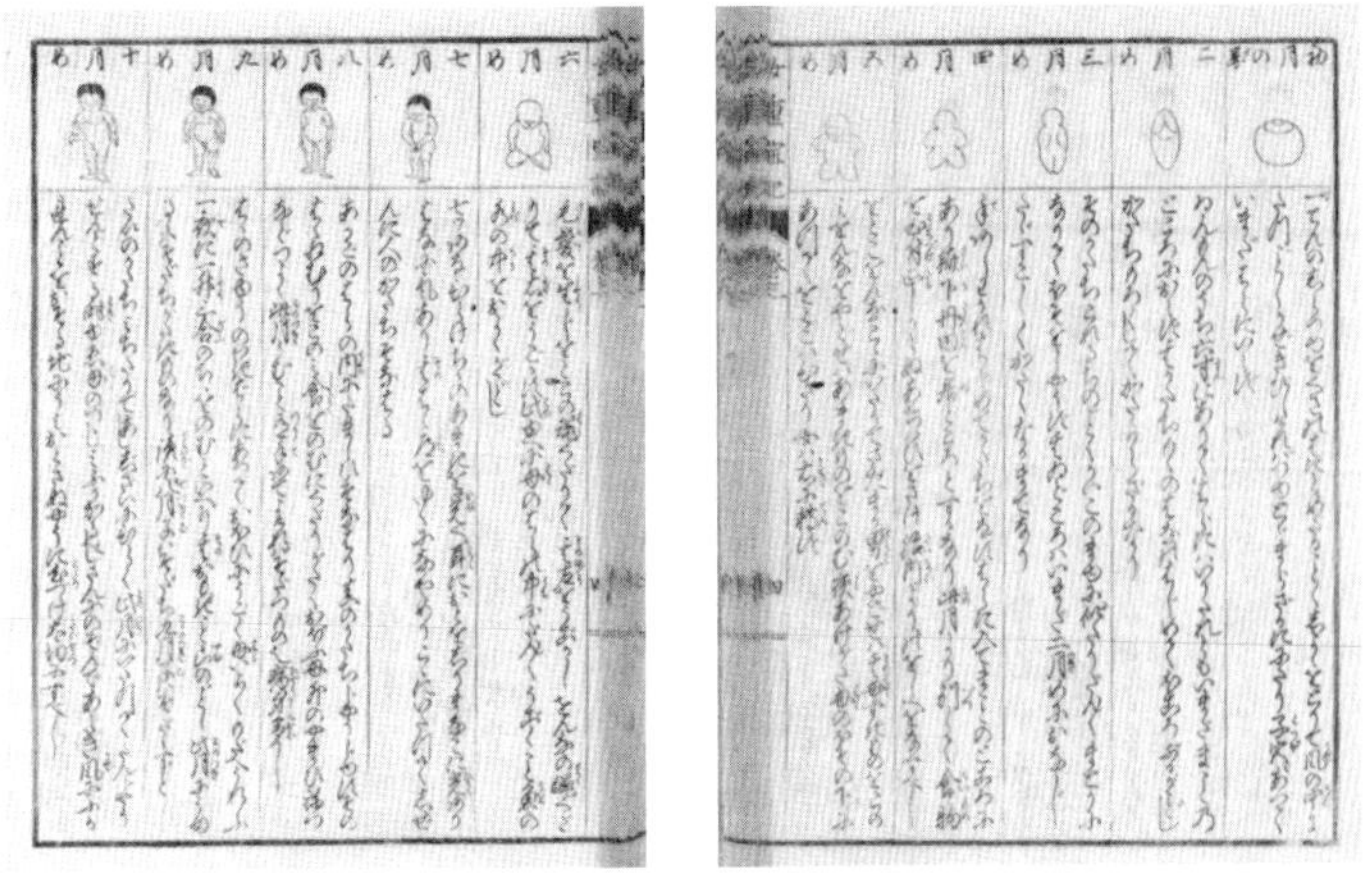

図7-7　高井蘭山編『女重宝記』5巻（弘化4［1847］年、国際日本文化研究センター所蔵）

た春画的な意味合いが強い。タイモン・スクリーチは、こうした性器の図はあからさまにポルノグラフィックなものだが、まじめな医学的な扱いを気取っているところが一興である、と指摘している。*27

『女重宝記』に掲載されて広まった、妊娠五ヶ月目までを仏具で表現する「胎内十月図」は、いつごろまで描かれたのだろう。高井蘭山は、一八一五年の『婬事《いんじ》戒《かい》』に、これまでの「胎内十月図」は仏師の説による図であり、女性たちを愚かにするものであると批判し、「誠《まこと》の論」は儒書や医書によらなければ得られないと主張した。*28 そして仏具ではなく、医書により人の形で描いた新たな「胎内十月図」を、『絵《え》入《いり》日用《にちよう》　女重宝記《おんなちょうほうき》』（弘化四［一八四七］年一月刊）に加えている（図7-7）。*29

図7－8　胎内十月の見世物（伊藤晴雨『江戸の盛り場』昭和22［1947］年、富士書房［伊藤晴雨］）、伊藤晴雨著、宮尾與男編注『江戸と東京風俗野史』（2001年、国書刊行会）

蘭山の「胎内十月図」には、「九月め」の胎児は一夜に一升三合の乳を呑むといい、その重いことは山のようであると記されており、これは『閨中紀聞枕文庫』に描かれた、子宮内で胎児が母親の乳を「乳綱」から飲んで育つとする、当時の胎児観と響き合っている。

このような「胎内十月図」は、江戸時代には絵解きのように解説することが見世物として人気を博し、各地を廻っていった。[*30] 実際にどのような見世物であったか詳細はわからないが、伊藤晴雨が江戸の娯楽場である盛り場を描いた絵に、「胎内十月」の見世物の様子が描かれている（図7－8）。見世物小屋の男は、妊婦の人形の腹に掛けられた布をめくり、胎児の様子を説明している。九ヶ月目の妊婦についてはちょうど解説が終わったところだろうか、布がめくられて腹の胎児の姿が見えている。注目されるのは、この絵の下に「風流浅草人形」として安達ヶ原の鬼女が描かれていることである。鬼女が包丁をふりかざし、今にも妊婦のお腹に突き刺そうとしている例の場面である。妊娠中の胎児の成長を知識として伝える「胎内十月図」と、腹を割いて胎児の肝を取ろうとする鬼女の絵は、いずれも江戸時代の流れを引き継ぐエンターテインメントとして、人々を惹きつける見世物となっていたのである。

## オランダ語版の医学書の影響

錦絵「妊婦炎暑戯」を、江戸の木版印刷や教訓書としての『女重宝記』などの流れから分析してきたが、西洋の新しい知識は本当にこの絵の中に描かれているのだろうか。

鎖国をしていた江戸時代、西洋医学の知識は長崎の出島で、おもにオランダ語版医学書を通してもたらされた。蘭学者・宇田川玄真《うだがわげんしん》（一七六九〜一八三四）は、文化二（一八〇五）年にオランダ語版解剖書をもとに解剖・生理学思想をまとめた教科書『西説医範提綱釈《せいせついはんていこうしゃく》義《ぎ》』（以下、『医範提綱』とする）を出版した。[*31]『医範提綱』は、西洋医学の教科書として、蘭学以外の医家によっても使われ、幕末まで広く普及していた。[*32]『医範提綱』の中で、受精や胎児の成長がどのように説明されているのかを、フレデリック・クレインスの研究を参照しながら見てみたい。
クレインスによると、『医範提綱』の典拠となっている一七世紀後半から一八世紀前半のオランダ語版解剖書では、血液循環がその生理学的思想の中核をなしていたが、玄真は神経を中心的に扱い、次いで生殖器を重視したという。『医範提綱』の生殖器に関する記述は、グラーフの二つの画期的な論文、『男性生殖器について』(一六六八)と『女性生殖器に関する新論』(一六七二)を根拠にしており、後者は、人間が鳥類と同じように卵から生まれるという考え方を主張した。これを受けて、ブランカールトが卵巣や卵およびその中の胎児の成長を細かく説明し、玄真はその抄訳を『医範提綱』の「子宮」の章に掲載した。人間がこのように卵から発生するという考え方は、江戸後期においてすでに広く受容されていたと考えられる。[*33]
宇田川玄真の弟子である蘭学者・坪井信道《つぼいしんどう》は、江戸後期に輸入された蘭書のうち、ライデン大学教授ヘルマン・ブールハーフェ(一六六八〜一七三八)の病理論の注釈書を、部分的に「万病《まんびょう》 治準《ちじゅん》」の題名で翻訳している。ブールハーフェの思想的基盤は、人間の身体は一つの機械であると捉える機械論的身体観であり、これは東洋の伝統医学思想とは異質なものであった。[*34] 坪井は、ブールハーフェの理論をよく理解していたが、「創造神」を表すキリスト教的用語は翻訳を省略するか、「造化《ぞうか》」のような抽象的で、漢学に基盤をもつ用語を用いるかしたという。[*35]

宇田川玄真による西洋医学の教科書『医範提綱』以降、数多くの西洋医学書が翻訳され、一般の人々に向けた医学書も刊行され流布していった。次にそれらの書物群を見てみたい。

## 大衆向け医学書の胎児

明治八（一八七五）年、横浜在住の士族・千葉繁《ちばしげる》は、米国のゼームス・アストンがニューヨークで出版した *"The Book of Nature"*（一八五〇）を翻訳し、『造化機論』を出版する。タイトルには、先述したブールハーフェの研究書を翻訳した坪井信道が、「創造神」の意味で用いた語「造化」が使われている。

千葉繁の示した「造化」とは「森羅万象、造化の神」のことであり、「造化機」つまり生殖器は、「神が造った器官」と捉えられる。[*36]『造化機論』の第七条は「胎児ノ生長ヲ諭《さと》ス」であり、石版多色刷りの図が三枚挿入されている。[*37]いずれも髪の長い裸体の妊婦の図で、腹は開いており、胎児の様子が描かれている。背後にハープとピンク色の布のかかった椅子があり、西洋の雰囲気を醸し出している（図7－9）。裸体の妊婦とお腹の胎児は、一八八一年の錦絵「妊婦炎暑戯」に描かれた日本髪を結った裸体の妊婦を彷彿させる。ち

図7－9「胚胎六ヶ月ノ図」（Ashton James著、千葉繁翻訳『造化機論　乾［坤］』明治8［1875］年、尾鷲市立中央公民館所蔵（中村山土井家文庫）

なみに「妊婦炎暑戯」の妊娠六ヶ月の胎児の頭は上向きで、『造化機論』の「胚胎六ヶ月ノ図」にも合致している。

一八七〇年代には、千葉繁の訳書『造化機論』に続き、翌年には千葉自身が刊行した『通俗造化機論』（一八七六）、『通俗造化機論二篇』（一八七八）、『通俗造化機論三篇』（一八七九）のほか、米国の熱児弾（ジョルダン）原撰、片山平三郎訳述の『造化秘事』（一八七六）、ドイツの列篤干（レタウ）著、三宅虎太訳述の『通俗男女自衛論』（一八七八）などが矢継ぎ早に刊行され、一般の人々もアクセスできる通俗的読み物として一大ブームを巻き起こした。*[38] 赤川学は、明治期（一八六八～一九一二）に刊行された「造化」「色情」「閨房《けいぼう》」「生殖」「交合」などの語を含み、解剖学的・生理学的・衛生学的な性について記述している書物を分析し、開化セクソロジー（性科学）の大衆的ブームの広がりを分析した。*[39]

これら大衆向けの書物の中に、胎児の成長を伝えるものも含まれていた。福城駒多朗《ふくじょうこまたろう》著『通俗男女衛生論　第一篇』（一八八〇年）は、「第一章　人身の論」「第二章　精神の論」「第三章　男子生殖器の論」「第四章　女子生殖器の論」「第五章　月経の論」「第六章　交媾の論」「第七章　懐妊の論」「第八章　胎児発育の論」からなり、第八章に胎児の発育の様子が詳述される。*40 その冒頭には「人体《ひとのからだ》は卵細胞《たまごのちひさき》より成り母親の体内に大凡《おほよ》四十週日即ち二百八十日宿《を》りて始めて此世上《このよ》に出《い》で空気を呼吸して七八十年存《なが》らへ終《つひ》に枯死《かれし》すなり」と、人が卵細胞から生まれ、四〇週母親の胎内で過ごした後、この世で呼吸を始め、七、八十年にわたる一生を終える、と記されている。*41

「第八章　胎児発育の論」で、卵細胞からその経過を追っている部分を見てみよう。*42「胚《はい》珠《しゅ》廿日を歴《へ》れば漸《えや》く大《おほい》なると蟻《あり》の如《ごと》くに成り、三十日に至れば大《おほき》さ蜜蜂《みつばち》の如くになり顕然《はッきり》として身《からだ》と首とを見るを得《う》べし」との文章がある。注目されるのは、錦絵「妊婦炎暑戯」と同様、胚珠の大きさを「蟻」と「蜜蜂」という例を引いて説明している箇所である。さらに六五日でほぼ五臓が備わるが血液なし、九十日で「全《まッた》く形体《かたち》整備《そなは》り」、腹の子に最も大切な胎盤が生じ、五ヶ月目には「孕女《はらみをんな》始《はじ》めて胎《たい》の動《うご》くを覚《おぼ》ふ」とあり、妊婦が胎動を感じることが記されている。*43 この部分も、「妊婦炎暑戯」の詞書とほぼ同じ内容となっている。このように一八八〇年刊行の『通俗男女衛生論　第一篇』と、翌年に刷られた錦絵

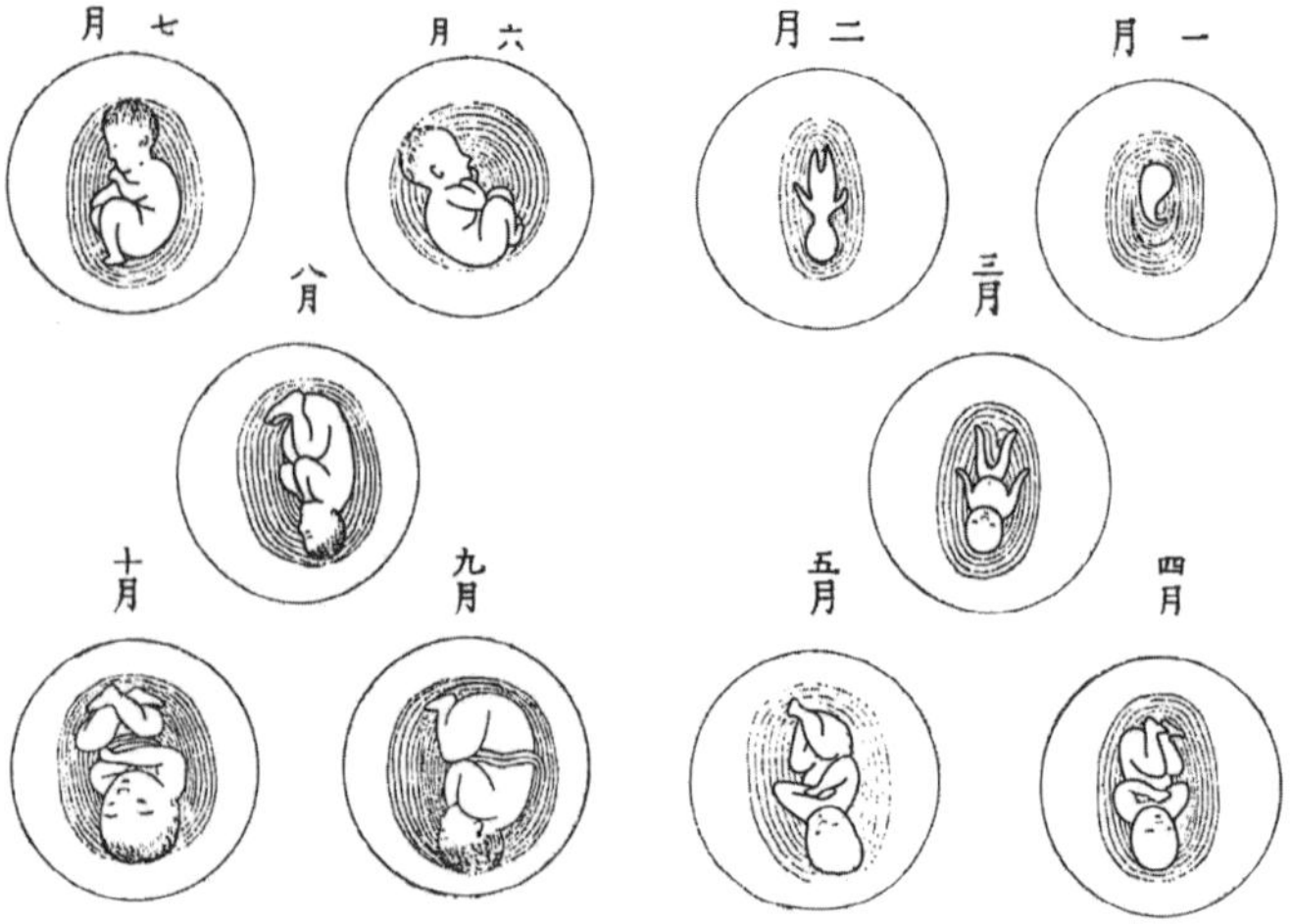


図7‐10　岡田常三郎編『新撰造化機論』第三図（明治17［1884］年、国立国会図書館デジタルコレクション、印刷が薄い部分は補強のためトレースを行った）

「妊婦炎暑戯」は、「蟻」や「蜜蜂」という比喩が同じで、妊娠六五日目以降の胎児の変化に、同様の記述が見られたりするなど共通点が多い。これらのことから、錦絵「妊婦炎暑戯」の詞書は、民間に出回っていた近代の性科学の書物などを参照して作成されたのではないかと推測できる。

　では、錦絵「妊婦炎暑戯」の胎児は、何を参照して描かれたのだろう。『通俗男女衛生論　第一篇』に胎児の成長を記した図はないが、錦絵の刷られた三年後の明治一七（一八八四）年に刊行された岡田常《つね》三郎《さぶろう》編『新撰造化機論』に、一〇月間にわ

図7‐11　大川新吉『造化懐妊論』(明治20［1887］年、国立国会図書館デジタルコレクション、ノイズ削除の補正を行った)

たる胎児の成長図が挿入されている(図7‐10[*44])。注目されるのは、六月目、七月目の胎児が頭を上にしており、錦絵「妊婦炎暑戯」の構図とほぼ同じであることだ。図7‐10のような胎児の成長図は、明治時代に数多く出版された性科学(セクソロジー)の書物に、部分的なものも含め共通して用いられていた。錦絵「妊婦炎暑戯」の絵師は、胎児の成長を想像して描いたのではなく、明治時代になって大衆向けに出版された性や生殖器に関する性科学の一連の書物を参照して描いていたことが推測される。錦絵「妊婦炎暑戯」の「西洋=科学の世界」は、明治時代に一

図7－12　「父母の恩を知る図」（永島辰五郎［歌川芳虎］画、明治13［1880］年、江戸・山村金三郎出版、国際日本文化研究センター所蔵）

般に流布した性科学の書物などの影響を受け、西洋医学の知識を取り入れて、胎児の成長の様子を絵と言葉で解説した点に特徴があったといえるだろう。

興味深いことに、明治二〇（一八八七）年に出版された大川新吉の『造化懐妊論』には、日本髪を結った一〇人の妊婦が着物の前を開き、お腹に描かれた胎児を見せている錦絵風の挿絵が、本編の最初に挿入されている（図7－11）[*45]。明治一三（一八八〇）年には、妊婦が花を手にしている錦絵「父母の恩を知る図」（永島辰五郎［歌川芳虎］画）が出されており（図7－12）、これら錦絵の「胎内十月図」を彷彿させる。胎児の一〇月の成長過程を描いた錦絵をまねた絵が、今度は逆に大衆向けの性科学の書物に挿入されるなど、エンターテインメントと科学は、「持ちつ持たれつ」の関係の中で、大衆に受胎、妊娠、生殖器に関する医学知識を広めていく役割を担っていたといえる。

ここまで、一八八一年の錦絵「妊婦炎暑戯」を、従来の「胎内十月図」の流れに位置づけて分析してきた。「妊婦炎暑戯」は、胎児の頭の位置や成長の詳細な様子を、明治時代初期の西洋医学の知識を得て描いた「胎内十月図」の一種といえる。しかし、従来の「胎内十月図」との大きな違いは、妊婦の身体の描き方にある。従来の「胎内十月図」が胎児そのものを切り取って成長の様子を描いたのに対し、錦絵「妊婦炎暑戯」は、妊婦の身体とともに、その腹に収まる胎児の様子を描き出している。胎児の成長に焦点を合わせた江戸時代の「胎内十月図」は、明治時代になると、胎児単独ではなく妊婦の身体もともに描かれていくようになる。これは錦絵だけでなく、『造化機論』の裸体の妊婦（図7－9）や『造化懐妊論』の着物姿の妊婦（図7－11）にもあてはまる。ここに従来の「胎内十月図」との大きな違いがあるといえるだろう。

「妊婦炎暑戯」が、もしも医学的な情報と妊娠中の過ごし方を妊婦に伝えることに主眼を置いていたとするなら、妊婦は裸体でなくともよかったはずである。近世の「胎内十月図」のように胎児だけではなく、五頭十体図を用いて妊婦の身体を描いたのは、妊婦の身体をも見て楽しむポルノグラフィックな視覚表現が意識されていたからだと考えられる。

伊藤晴雨の絵が伝えたように、胎児と妊婦の身体は、安達ヶ原の鬼女伝説において狙われる胎児、腹を割かれる妊婦という物語の一シーンとともに見世物となっていた。胎児の成長への医学的な関心とともに、妊婦の身体に対するポルノグラフィックな視線も、見世物を成立させるための一要因であったといえる。近代以降、胎児と妊婦の身体は、医学とエンターテインメントの両者において、引き続き「見られる」身体として描かれていく。

「胎内十月図」は、二〇世紀に入ると、今度は政府が推進するバース・コントロールの実施に向けて、妊娠・出産のしくみ、避妊や中絶についての正しい知識を女性たちに伝えるために、医学博士たちによる監修を経た胎児の発育の図として継承されていく。[*46] それらの図では、腹部のみが切り取られた女性の身体（半身）に、胎児の成長の様子が表現される。妊婦の身体は、産科医学の発展、産めよ殖《ふ》やせよと生殖に介入する国家の存在を背景に、「生殖のための身体」という性格がより強調され、国家のため、また医学の対象としての「見られる身体」として位置づけられていく。

# 終章　「狙われた身体」を守るために

## 「狙われた身体」という視座

本書では、「狙われた身体」という切り口から、人々がどのように身体を捉え、また図像として表現してきたのかを、ジェンダーの視点も取り入れながら明らかにしてきた。

第一章では、近世から近代にかけて病いや痛みが可視化されてきたことについて論じた。現在の新型コロナウイルス感染症は「見えない敵との戦い」と表現されることが多いが、ヨーロッパを一四〜一五世紀に襲った黒死病（ペスト）への言及においても、「目に見えぬ怪物」と比喩されることがあった。日本の近世においては、「目に見えぬ敵」である疫病をはじめさまざまな病いや痛みは、たとえば「はしか」や「ほうそう」といった文字を背中や顔に記し、擬人化によって描き出されてきた。疫病が、武将などと闘って打ち負かされる絵は、疫病退治を記すわかりやすい方法であった。

また、心身の不調の原因とされたハラノムシも、一つ一つが色鮮やかなキャラクターのようにして描かれた。ハラノムシの可視化は、人々がそれを自らの腹の中に存在するものとして意識する絶好の機会になったといえる。近代の薬の広告においても、頭痛や腹痛、吐き気の症状すら擬人化され、薬は「敵と戦う憲兵」として表現された。近世から近代にかけて、人々は大勢の命を奪う疫病に何度も襲われながらも、一方で身体の痛みや病いを擬人化し、笑いに変えるような浮世絵を楽しんだ。そのような絵からは、痛みや病いはパロディのようにして笑い飛ばしてみたらどうか、といった態度も読み取れる。

第二章では、妖怪や悪霊に「狙われる身体」に関する数多くの伝承の中で、とくに腹痛と頭痛に関する伝承を分析した。過去の人々の腹痛や頭痛の原因を災因論の視点から読み直し、「狙われる身体」の伝承を、身体感覚の経験を示す物語として、また妖怪などに狙われないための処方箋として読み解く可能性を示した。とはいえ、これまでの憑霊信仰の研究が明らかにしてきた通り、悪霊を調伏する宗教者が物語の生成を担うなど、重要な役割を果たしていたことを改めて確認することとなった。

第三章では、蛇に女性器が狙われたという、一九三〇年代に『ドルメン』などの雑誌に続けて投稿された記事を取り上げた。一連の投稿記事において、「蛇が女性器を狙う」という語りの型が、一九三〇年代に好んで用いられたことは注目される。この時代、何か個別の妖怪が「女性器を襲った」と語るよりも、身近な存在であり、また古くからさまざまな伝承を生み出してきた蛇の方が、女性を狙う主体としてより説得力があったと考えられる。また、悪霊祓いの宗教者に代わり、事件に信憑性を与える当事者として登場したのは、近代医学を身につけた医者であった。医者も含めた男性たちの語りの中で、女性器を狙った蛇の話には、無防備な女性は襲われてもしかたがないといった意識も見え隠れする。不運にも亡くなった女性は語る機会をもたないが、蛇に襲われた事件は、襲われた女性自身の言葉ではなく、つねに男性たちによって語られてきた。「狙われた身体」の伝承における語り手の、性による非対称が、最もよく表れた事例といえる。

第四章では、第三章の議論を受けて妖怪とジェンダーについて取り上げた。つねに襲われる対象は女性なのかといえば決してそうではなく、恨みや嫉妬から蛇になった女性に男性が襲われるという物語は古代より数多く見られる。「蛇になる女」たちの豊穣な物語を創り出してきた多様な文化背景に、社会で劣位に置かれたマイノリティである女性たちの姿が見え隠れする。先行研究が指摘するように、女性に対する否定的、差別的な意識が「女性だから妖怪になる」という状況を生み出してきたとすれば、妖怪を創り出した社会における女性の位置づけと差別意識の解明は、引き続き重要な課題となるだろう。

第五章では性と性器の表現に注目し、妖怪を素材にジェンダーの問題を捉え直してみた。近世の妖怪画において、姑獲鳥《うぶめ》や鬼女のような、女性性を意識して創られた妖怪や、肥大化した男性器をもった狸などのように、男女の性が強調されたものがしばしば見られる。しかしそれだけにとどまらず、描かれた妖怪の容姿に注目すれば、両性具有であったり数多くの性器をつけていたり、また性器そのものが身体となって描かれるなど、ジェンダーの境界は曖昧にされる。このような性差の境界が曖昧とされる領域に、よりいっそう、人々の創造力は発揮されたといえる。妖怪や異形のものの身体という限定された場ではあるが、ここには、男性と女性という固定化されたジェンダーを擦り抜けていく余地が見られる。

第六章では、いったん身体から離脱した部位のもつ呪的な力について、胎盤や臍の緒などを例に分析した。不治の病いにかかった姫を救うため胎児を手に入れようとする安達ヶ原の鬼女伝説は、まさに妊婦と胎児が「狙われる」という伝承であった。伝承に限らず、胎盤や臍の緒などを薬として服用する習俗においては、これら命の誕生にかかわる身体部位を、不老不死や長寿に効くとする身体観を明らかにした。

海外の事例として、胎児から作られたお守りであるタイのクマーントーンを紹介したが、この背景には、妊娠中に亡くなった女性の霊を恐れるという、日本の姑獲鳥の伝承に類似した民間信仰があった。妊娠・出産中における妊婦の死に対する意識や習俗・身体観などの差異と共通性を浮かび上がらせることは、妖怪や怪異の比較研究のうえでも重要であろう。

第七章では、第六章で取り上げた胎児のイメージについて、幕末から明治時代初期にかけて江戸の視覚文化と西洋の医学知識の中で創り出されていった、胎児の成長イメージを明らかにした。胎児の成長を一〇ヶ月の妊娠月に分けて図解した「胎内十月図」は、江戸時代からの娯楽の要素を含みながら、明治時代初期には西洋の医学知識を加えて描かれていったことを明らかにした。胎児の成長に関する知識は、錦絵の「胎内十月図」という視覚表現や、性科学（セクソロジー）の流行に付随する形で人々の間に流布していった。その中で錦絵「妊婦炎暑戯」の裸体の妊婦と胎児は、医学の、またエンターテインメントの対象として、「見られる身体」と位置づけられていた。その後は、もっぱら医学の対象として胎児と妊婦の腹部が切り取られ、現代版「胎内十月図」に描かれていくが、それらを女性自身はどのように見て、自身の身体を捉えていったのか、受け手の側の対応を見ていくことが、今後の課題となるだろう。

## 「狙われた身体」への対応策

本書で論じた内容をもとに、今後の展望を示したい。

第三章で検討した女性器が蛇に襲われる「事件」を報告した一九三〇年代の投稿では、狙われる対象がほぼ女性であり、襲ったのは妖怪ではなく、実在の蛇であった。時代と社会の状況に応じて、特定の対象や身体部位が「狙われやすい」とみなされてきたことを示す一例である。亡くなった女性たちの声が取り上げられることはなく、またたとえ生きていたとしても記録はされなかっただろう。

とはいえ、別の視点からすれば、「蛇に襲われた女性器」の語りは、当時の人々――おもに男性が、比較的容易に語りに参加できる機会を提供していたともいえる。登場人物は、アオダイショウやマムシなどその土地でよく見かける蛇、昼寝をしている女性、蛇に襲われた女性を助けようとした村の物知りや医者などであり、蛇を抜く対処法などの情報をうまく入れれば、人々が関心をもってくれる「語り」ができあがった。その意味で、「蛇に狙われた女性器」の話は、一九三〇年代に好まれた語りであったといえる。

ジェンダーと妖怪との関連についていえば、社会におけるジェンダー意識に注目した宮田登が指摘したように、「男性の女性に対する畏怖の念が妖怪を生み出した」とすれば、女性が女性性に基づいて語る他者への物語や表現に、これとは異なる新たな可能性が見出せるのかもしれない。

もっとも男性性、女性性という捉え方自体、性を固定化する枠組みを強化することにつながりかねない。第四章で検討したような両性具有の身体を生み出した想像力は、両性具有を特殊で稀有な存在とみなす差別的な視線を含んではいたが、男女の性差を超えていく想像力につながる可能性がある。また現在は、男性と女性という単純な二項対立ではない、多様なセクシャリティのあり方を認める意識が広まっている。特殊で稀有な存在としてではなく、当たり前の現実として多様なセクシャリティを捉えていくようになれば、生み出されてくる伝承も、またこれまでとは異なったものになってくるだろう。

そのような状況を念頭に置き、今後の展望として、「狙われる身体」の比較研究を考えてみたい。身体部位のどの部分が狙われやすいのかを示した伝承には、その伝承を生み出してきた社会の、身体観やジェンダーについての認識が大きく関わっている。第一章では痛みや病いの可視化、視覚表現を、第二章では狙われやすい身体部位を分析したが、痛みのような一見すると普遍的に思えるものであっても、時代や文化の影響を大きく受けていることは、文化人類学者のメアリ・ダグラスなどの指摘を受けて、本書でも明らかにしてきた通りである。

妖怪、怪異に関する比較研究はすでに本格的に始まっており、徳田和夫編『東の妖怪・西のモンスター』（二〇一八）[*1]や国立民族学博物館で開催された展示『驚異と怪異――想像界の生きものたち』（山中由里子、二〇一九）[*2]などの成果があり、これらを小松和彦が「比較妖怪学」の名のもと、妖怪研究の最前線として紹介している。[*3]

筆者は、これまでの研究を踏まえ、出産や身体の視点からこうした比較研究を進めていきたいと考えている。たとえば胎児に関わるお守りであるタイのクマーントーンの背後にある産褥死の女性の霊は一つの手がかりとなる[*4]。日本では、産褥死の女性は姑獲鳥になって化けて出るとの伝承に基づき、近世からさまざまな姑獲鳥のイメージが創り上げられてきた[*5]。このような姑獲鳥の視覚表現に加え、民俗社会では、亡くなった妊産婦が姑獲鳥になって化けて出るのを防ぐために、胎児と分離して埋葬するという習俗が語り継がれてきた。前者のようなエンターテインメントとしての姑獲鳥の視覚表現と、後者のような妊産婦の葬送習俗とは、ひとまず分けて分析していく必要があるが、その背景にある産褥死の女性の身体および胎児に対する人々の意識に注目することは重要である。

人類学的な視点から見たときに、産褥死した女性の霊を危険だと捉えてきた文化と、産褥死そのものが日常に起こり得るものとして危険や異常とは捉えなかった文化とでは、儀礼や伝承は異なると考えられる。このような点は、怨霊、怪異、妖怪を生み出す文化的背景を考えるうえでも重要になってくる。これらを広く文化の問題として積み重ねていけば、妖怪や怪異を含めた、狙われる身体に関する比較研究を、東アジアを中心に、またさらなる文化の広がりの中で展開していくことができるだろう。

また、「狙われる身体」という視点は、その背後にある暴力を明らかにすることにつながる。しかし、ガヤトリ・スピヴァクの『サバルタンは語ることができるか』が示すように、劣位に置かれた、「狙われ」そして襲われた女性の言葉は語られることはほとんどない。[*6] また、たとえ女性が行動し発言したとしても、その意図がきちんと伝わる保証はない。都合よく既存の枠組みの中で、うまく処理されてしまう危険性がある。

加えて「狙われる身体」を暴力に特化して分析していく際に、ジェンダー・オリエンタリズムという罠《わな》に気を付ける必要がある。田中雅一・嶺崎寛子によると、これは、「ジェンダー暴力の「ない」我々の文化を文明的、ジェンダー暴力の蔓延する彼らの文化を野蛮」とみなし、文明と野蛮という二項対立の枠組みで、彼らを劣位に置く、というものである。[*7] 田中・嶺崎は、「それは歴史的変遷に無関心で、ジェンダー暴力を他者の文化に独特なものとみなして自文化から切り離し、その他者化を促す」ことにつながると指摘する。[*8]

これらを念頭におき、最後にジェンダーと暴力の問題を考えていく糸口をさぐってみたい。「狙われた身体」はそのまま「狙われた」のか、もしくは「逃げ切った」のか、あるいは最初から「避ける」ようにしておいたのか。

「狙われた身体」の伝承は、人々が自らの身体をどのように捉え、襲われる危険と折り合いをつけながら生きてきたのか、その足跡を伝える情報として解釈できる。それゆえ、時代に応じた危険や問題への対処法を併せもった伝承として読み解いていくことができる。

これまで紹介してきた「狙われた身体」の伝承や習俗は、狙ってくる相手や敵を可視化し、あらかじめ備えることを可能にした。しかし、危険やリスクは、地震などの自然災害のように突然生じるものもあれば、感染症のように可視化が難しい状況で繰り返し生じるものもある。また狙う側は最初から危険だという顔をせず、親しさを装って近づいてきたり、親しくなって断りづらい状況を作ってから襲ってきたりすることもある。親しげに近寄ってきたと思ったら、気がつけばすでに犯罪に巻き込まれていた、という例などは数多くあるだろう。狙う側が、最初は「敵」だという顔をせずに近寄ってくるのは、現代社会の特徴の一つなのかもしれない。

現代では、そうしたものから次の事態を予見する想像力が、これまで以上に求められる。本書で分析してきたように、かつて人々が危険にどう向き合い対処してきたかを示す「狙われた身体」の伝承は、それを解く鍵になるといえるだろう。

# あとがき

本書は、二〇一四年に刊行した『怪異と身体の民俗学――異界から出産と子育てを問い直す』（せりか書房）に続き、妖怪や怪異の伝承などから身体観を浮かび上がらせようとしたものである。そこで論じ切れずに気になっていた点を扱った。この間、『モノと図像から探る怪異・妖怪の世界』、『モノと図像から探る妖怪・怪獣の誕生』、『モノと図像から探る怪異・妖怪の東西』（二〇一五～一七年、いずれも勉誠出版）を天理大学在職中に編集し、その後、二〇一七年四月に国際日本文化研究センター（日文研）に移った。すぐに本書を刊行しようと考えていたが、予想以上に時間がかかってしまった。

本書の構想をもとに、二〇一八年からは国際日本文化研究センターにて、共同研究会「身体イメージの想像と展開――医療・美術・民間信仰の狭間で」をローレンス・マルソー氏とともに主宰し、国内、海外のさまざまな分野の研究者の方々にご参加いただいた。毎回、刺激的な議論を進めることができ、本書の内容も随時、盛り込むことができた。また、国立民族学博物館・山中由里子教授の、世界的視野における怪異と驚異の研究会にも加えていただき、民博の展示『驚異と怪異――想像界の生きものたち』（二〇一九年）からも多くを学ばせていただいた。

近年刊行された重要な研究成果について、本書には掲載できていないが、とくに小松和彦編『禍いの大衆文化——天災・疫病・怪異』（KADOKAWA、二〇二一年七月）を挙げておきたい。

日文研に移ってから、海外の大学や研究機関と交流を進める上で、幸いなことに研究発表の機会も増えた。海外において、日本の妖怪や怪異伝承などへの関心が高く、グローバルな視野から研究が進展していることを目の当たりにした。

本書第七章「胎児への関心」については、本書二五二頁で示したように、海外のさまざまな研究機関で発表する機会を得た。多くの研究者から貴重なコメントをいただき、「胎内十月図」や妊婦と胎児の身体表現について有意義な意見交換をすることができた。本書にまとめきれなかった部分については絵画資料を引用し、別稿を用意したい。なお、近世から近代にかけての妖怪・姑獲鳥のイメージの変遷については、次の論考にまとめている。

Yasui Manami, "Imagining the Spirits of Deceased Pregnant Women: An Analysis of Illustrations of Ubume in Early Modern Japan", *Japan review* 35, International Research Center for Japanese Studies, March 2021, pp.91-112

また本書は、以下の論文とエッセイを、部分的に含んでいる。

「民間信仰にみる身体の図像化・造形化――妖怪画の背景を求めて」天理大学考古学・民俗学研究室編『モノと図像から探る怪異・妖怪の東西』勉誠出版、二〇一七年、一一一～一三八頁

「翁、老いて神になり　媼、老いて怪となる」『怪』四六、KADOKAWA、二〇一五年、二二二～二二六頁

「小野小町（〝怪〟人物列伝）」『怪』四七、KADOKAWA、二〇一六年、二一三～二一五頁

「妖怪とジェンダー――妖怪に性別はあるのか？」『怪』五二、KADOKAWA、二〇一八年、六六～六九頁

「両性具有の妖怪たち」『怪』五三、KADOKAWA、二〇一八年、一九八～二〇一頁

最後になったが、日文研の共同研究会をはじめ、さまざまな機会にコメントやアドバイスをくださった皆さんに心より感謝したい。とくに本書の草案を読んで適切なコメントをくださった川橋範子さん、南郷晃子さん、東洋医学について御教示くださった姜姍さん、越智秀一さん、長期にわたり的確なアドバイスをくださった編集者の宮山多可志さん、今井章博さん、草稿の校正を丹念に進めてくださった澤井奈保子さん、小野絢子《あやこ》さんにお礼申し上げる。

日文研名誉教授の小松和彦先生には、これまでさまざまな機会に御指導いただき、心よ

り感謝申し上げる。

なお、本書の出版にあたっては、国際日本文化研究センターの所長裁量経費の助成を得た。本書の刊行にご尽力くださった平凡社の蟹沢格さんに御礼申し上げる。

二〇二一年一二月

安井眞奈美

# 注

## はじめに

＊1　安井眞奈美『怪異と身体の民俗学——異界から出産と子育てを問い直す』せりか書房、二〇一四年、二〇五〜二二九頁

＊2　柳田國男「遠野物語」『柳田國男全集』二、筑摩書房、一九九七年、一七頁

＊3　京極夏彦「通俗的「妖怪」概念の成立に関する一考察」小松和彦編『日本妖怪学大全』小学館、二〇〇三年、五七八頁

＊4　小松和彦『妖怪学新考——妖怪からみる日本人の心』小学館ライブラリー、二〇〇〇年、四二頁

＊5　伊藤龍平『何かが後をついてくる——妖怪と身体感覚』青弓社、二〇一八年、一四頁

## 第一章　「見えない敵」を可視化する

＊1　新型コロナウイルスSARS-CoV-2（COVID-19）統計情報　ジョンズ・ホプキンス大学“COVID-19 Dashboard” https://gisanddata.maps.arcgis.com/apps/opsdashboard/index.html#/bda7594740fd40299423467b48e9ecf6（二〇二〇年六月閲覧）
厚生労働省「国内の発生状況など」https://www.mhlw.go.jp/stf/covid-19/kokunainohasseijoukyou.html（二〇二〇年六月閲覧）

＊2 奈良県「新型コロナウイルス感染症との戦いの最前線の情報をお伝えします」『県民だより奈良』臨時号、二〇二〇年 http://www.pref.nara.jp/55504.htm（二〇二〇年六月閲覧）

＊3 蔵持不三也『ペストの文化誌――ヨーロッパの民衆文化と疫病』朝日新聞社、一九九五年、二九頁

＊4 注3、蔵持、前掲書、一〇〇頁

＊5 ヴィガレロ、ジョルジュ（見市雅俊監訳）『清潔《きれい》になる〈私〉――身体管理の文化誌』同文舘、一九九四年、九〜一二頁

＊6 注5、ヴィガレロ、前掲書、二六三頁

＊7 注5、ヴィガレロ、前掲書、二六六、二六九頁

＊8 注5、ヴィガレロ、前掲書、二六九、二七三頁

＊9 富士川游著、松田道雄解説『日本疾病史』東洋文庫一三三、平凡社、一九六九年、三頁

＊10 香西豊子『種痘という〈衛生〉――近世日本における予防接種の歴史』東京大学出版会、二〇一九年、四三、三五七〜三五八頁

＊11 注10、香西、前掲書、三六〇頁

＊12 注10、香西、前掲書、一一九〜一三九頁

＊13 香川雅信「疱瘡神祭りと玩具――近世都市における民間信仰の一側面」『大阪大学日本学報』一五、一九九六年

＊14 ローテルムンド、ハルトムート・オ『疱瘡神――江戸時代の病いをめぐる民間信仰の研究』岩波書店、一九九五年、一九五頁

*15 宮田登『江戸のはやり神』筑摩書房、一九九三年
*16 注13、香川、前掲書、二七頁
*17 注13、香川、前掲書、二五～二六頁。注14、ローテルムンド、前掲書、一二六～一二七、三二七頁
*18 注13、香川、前掲書、二六頁
*19 鈴木則子『江戸の流行り病——麻疹騒動はなぜ起こったのか』吉川弘文館、二〇一二年、二頁
*20 注19、鈴木、前掲書、一八八頁
*21 氏家幹人『江戸の病』講談社選書メチエ四三七、二〇〇九年、七～一〇頁
*22 白杉悦雄『冷えと肩こり——身体感覚の考古学』講談社選書メチエ五八一、二〇一四年、一〇二頁
*23 伊藤信博「なぜ江戸時代に擬人化がひろがったのか」伊藤慎吾編『妖怪・憑依・擬人化の文化史』笠間書院、二〇一六年、二二九頁
*24 長野仁「試論『針聞書』戦国時代の鍼灸ムーブメント——古来、ハリとムシとハラは因果な仲間」ジェイ・キャスト編『虫の知らせ——九州国立博物館蔵『針聞書』』ジェイ・キャスト、二〇〇七年、四二頁
*25 注24、長野仁「63種登場！『針聞書』に描かれたハラノムシ」前掲書、三八～三九頁
*26 山田厳子「見世物としてのケッカイ」『弘前大学国語国文学』二四、二〇〇三年、三頁
*27 注26、山田、前掲論文、二～三頁
*28 注25、長野、前掲論文、三一頁

＊29　注25、長野、前掲論文、二〇頁

＊30　注25、長野、前掲論文、三一頁

＊31　長谷川雅雄、辻本裕成、ペトロ・クネヒト、美濃部重克『「腹の虫」の研究——日本の心身観をさぐる』名古屋大学出版会、二〇一二年、一〇六〜一〇七頁

＊32　注31、長谷川、辻本、クネヒト、美濃部、前掲書、一三三頁

＊33　恩賜財団母子愛育会編『日本産育習俗資料集成』第一法規、一九七五年、四九七頁

＊34　小宮正安「驚異の部屋「ヴンダーカンマー」の時代」山中由里子編『〈驚異〉の文化史——中東とヨーロッパを中心に』名古屋大学出版会、二〇一五年、三六三頁

＊35　山中由里子編、国立民族学博物館監修『驚異と怪異——想像界の生きものたち』河出書房新社、二〇一九年、一三八頁

＊36　注34、小宮、前掲論文、三六七〜三六八頁

＊37　シービンガー、ロンダ（本間直樹・森田登代子訳）「クロゼットの中の骸骨たち——一八世紀の解剖学における最初の女性骨格図像」鷲田清一、野村雅一編『表象としての身体』（叢書・身体と文化三）大修館書店、二〇〇五年、七五頁

＊38　注37、シービンガー、前掲書、七五〜七六頁

＊39　荻野美穂『ジェンダー化される身体』勁草書房、二〇〇二年、一二六頁

＊40　注39、荻野、前掲書、一四二頁

＊41　注39、荻野、前掲書、一七六頁

＊42　原三信編『日本で初めて翻訳した解剖書』思文閣出版、一九九五年

＊43　金津日出美「18世紀日本の身体図にみる女と男」『歴史学研究』七六四、二〇〇二年、三七頁
＊44　酒井シヅ「一七、一八世紀の日本人の身体観」山田慶兒・栗山茂久共編『歴史の中の病と医学』思文閣出版、一九九七年、四五三頁
＊45　清水茜『はたらく細胞』一、講談社、二〇一五年
＊46　清水茜『はたらく細胞』六、講談社、二〇二一年
＊47　速水融『日本を襲ったスペイン・インフルエンザ――人類とウイルスの第一次世界戦争』藤原書店、二〇〇六年、一三頁
＊48　注47、速水、前掲書、二四〇頁
＊49　注47、速水、前掲書、四三五頁
＊50　注47、速水、前掲書、四三六頁
＊51　磯田道史『感染症の日本史』文春新書、二〇二〇年、二一頁
＊52　注51、磯田、前掲書、四〇頁
＊53　長野栄俊「変質するアマビエ――二〇二〇年の「疫病退散」から考える」『歴史地理教育』九一九、二〇二一年。長野栄俊『予言獣アマビコ・再考』小松和彦編『妖怪文化研究の最前線』せりか書房、二〇〇九年

## 第二章　狙われる身体

＊1　黒田日出男『境界の中世 象徴の中世』東京大学出版会、一九八六年、二五一～二五三頁
＊2　安井眞奈美「第七章　妖怪・怪異に狙われやすい日本人の身体部位」『怪異と身体の民俗学

——異界から出産と子育てを問い直す』せりか書房、二〇一四年、二〇五～二二九頁
＊3　注2、安井、前掲書、二二二～二二四頁
＊4　ダグラス、メアリ（塚本利明訳）『汚穢と禁忌』思潮社、一九八五年、二三〇頁
＊5　孫思邈（張璐衍義）『備急千金要方』一四、中原書局、一九二六年
＊6　曲直瀬道三（柳田征司解説）『類証弁異全九集』勉誠社、一九八二年、三一〇頁
＊7　華佗撰『華氏中蔵経』（叢書集成初編）中華書局、一九八五年、一一頁。篠原孝市他編『外台秘要方　宋版』上（東洋医学善本叢書四～五）東洋医学研究会、一九八一年
＊8　大隅典子『脳の誕生——発生・発達・進化の謎を解く』ちくま新書一二九七、二〇一七年、一二頁
＊9　注8、大隅、前掲書、二〇七～二〇八頁
＊10　宮地敦子『身心語彙の史的研究』明治書院、一九七九年、一七～一八頁
＊11　大形徹『魂のありか——中国古代の霊魂観』角川選書三一五、二〇〇〇年、二八頁
＊12　入江靖二『図説　深谷灸法——臨床の真髄と新技術』自然社、一九八〇年
＊13　酒井シヅ「頭痛の誕生と腹痛の変容」栗山茂久・北澤一利編著『近代日本の身体感覚』青弓社、二〇〇四年、一〇一～一〇二頁
＊14　飯倉義之「鎌鼬存疑——「カマイタチ現象」真空説の受容と展開」小松和彦編『妖怪文化の伝統と創造——絵巻・草紙からマンガ・ラノベまで』せりか書房、二〇一〇年。廣田龍平「俗信、科学知識、そして俗説——カマイタチ真空説にみる否定論の伝統」『日本民俗学』二八七、二〇一六年

＊15　長島信弘『死と病いの民族誌――ケニア・テソ族の災因論』岩波書店、一九八七年、一頁
＊16　吉川祐子「悪霊と民俗」『静岡県史　資料編二五　民俗三』静岡県、一九九一年、九二六頁
＊17　小松和彦「憑霊信仰研究の回顧と展望」小松和彦編『憑霊信仰』（民衆宗教史叢書三〇）、雄山閣出版、一九九二年、三七六頁
＊18　辰井隆「兵庫県神戸市布引附近」『旅と伝説』六―七、一九三三年、一三一頁
＊19　田中勝雄「丹波国船井郡の地名伝説、その他」『旅と伝説』一二―二、一九三九年、四二頁
＊20　宋丹丹「岩石伝説の身体性に関する一考察――『日本伝説大系』と『日本の伝説』を中心に」『総研大文化科学研究』一七　二〇二一年、六六頁
＊21　高橋文太郎「曲り松の話、その他」『民族』四―三、一九二九年、一五九～一六〇頁
＊22　国学院大学民俗学研究会「岩手県九戸郡九戸村　イタコ・祈禱師ほか」『民俗採訪』昭和六二年度号、国学院大学民俗学研究会、一九八八年、九九～一〇〇頁
＊23　桂井和雄「七人みさきに就て（一）――土佐の資料を中心として」『旅と伝説』一八二、一九四三年、三〇頁
＊24　栗山茂久「肩こり考」山田慶兒・栗山茂久共編『歴史の中の病と医学』思文閣出版、一九九七年、三七頁
＊25　注24、栗山、前掲論文、三九～四四頁
＊26　高田十郎「西播の狐憑」『民族と歴史』八―一、一九二二年、二六九～二七〇頁。注2、安井、前掲書、二二四～二二五頁
＊27　逸木盛照「国々の言習はし（一〇）」『郷土研究』三―七、一九一五年、六〇頁

＊28 東洋大学民俗研究会「信仰」『粕尾の民俗――栃木県上都賀郡粟野町旧粕尾村（下粕尾は除く）』昭和四八年度号、東洋大学民俗研究会、一九七四年、二〇一頁
＊29 小嶋博巳「ろくさん　六三」『日本民俗大辞典』下、吉川弘文館、二〇〇〇年、八一九頁
＊30 角田恵重「上野勢多郡より」『郷土研究』三―七、一九一五年、四五頁
＊31 ハイエク、マティアス「算置考――中世から近世初期までの占い師の実態を探って」『京都民俗』二七、二〇一〇年
＊32 佐々木宏幹「「カゼ」と「インネン」」『人類科学』三七、一九八五年、一四〇～一四一頁
＊33 長濱善夫『東洋医学概説』創元社、一九六一年。なお、東洋医学における風邪および鍼灸について、越智秀一氏よりご教示いただいた。
＊34 丁光迪主編、倪和憲副主編『諸病源候論校注』上、人民衛生出版社、一九九一年。巣元方（南京中医学院校釈、牟田光一郎訳）「風病諸候　下」『校釈 諸病源候論』二、緑書房、二〇〇〇年
＊35 高文柱主編『薬王千金方』華夏出版社、二〇〇四年
＊36 注2、安井、前掲書、二三五～二五二頁
＊37 大塚敬節主講、日本漢方医学研究所編『金匱要略講話』創元社、一九七九年
＊38 丹波康頼撰、槇佐知子全訳精解『医心方』筑摩書房、一九九三～二〇一二年
＊39 注2、安井、前掲書、二一〇頁
＊40 注33、長濱、前掲書、二三四頁
＊41 注33、長濱、前掲書、二四八頁

## 第三章　蛇に狙われる女性

＊1　小松和彦『悪霊論——異界からのメッセージ』青土社、一九八九年、二〇一頁
＊2　注1、小松、前掲書、二〇三頁
＊3　小松茂美編『北野天神縁起』（続日本の絵巻一五）中央公論社、一九九一年、一〇九頁
＊4　小峯和明編『今昔物語集索引』岩波書店、二〇〇一年を参照した。
＊5　安井眞奈美『怪異と身体の民俗学——異界から出産と子育てを問い直す』せりか書房、二〇一四年、二一三頁
＊6　小池淳一「耳のフォークロア——身体感覚の民俗的基礎」『国立歴史民俗博物館研究報告』一六九、二〇一一年、二九九頁
＊7　中市謙三「柏の葉風」『旅と伝説』一〇六、一九三六年、五〜六頁
＊8　柳田國男「遠野物語」『柳田國男全集』二、筑摩書房、一九九七年、一七頁
＊9　小松和彦『神隠し——異界からのいざない』弘文堂、一九九一年、一〇一頁
＊10　宮本常一「子供をさがす」『忘れられた日本人』岩波文庫、一九八四年
＊11　伊藤芳道「娘と蝮」『ドルメン』二—九、一九三三年、五七〜五八頁
＊12　淑石生「婦人と蛇」『ドルメン』二—一〇、一九三三年、三七頁
＊13　左夫留児「婦人と蛇」『ドルメン』二—一一、一九三三年、四一頁
＊14　匿名・S「婦人と蛇について」『ドルメン』二—一二、一九三三年、五〇頁
＊15　高橋照之助「蛇と娘に就て真実の話」『ドルメン』二—一二、一九三三年、三一頁
＊16　遠藤冬花「婦人と蛇事件」『ドルメン』三—一、一九三四年、二七頁

＊17 柳田國男編『遠野物語 付・遠野物語拾遺』角川文庫、一九九九年、一四四〜一四五頁
＊18 長澤武『動物民俗』Ⅱ、法政大学出版局、二〇〇五年、一一六〜一一八頁
＊19 注18、長澤、前掲書、一二九頁
＊20 注18、長澤、前掲書、一八〜一九頁
＊21 注12、淑石生、前掲論文、三七頁
＊22 井上章一『パンツが見える。――羞恥心の現代史』新潮文庫、二〇一八年（原著・朝日新聞出版、二〇〇二年刊）、一一一〜一一二、三三〇頁
＊23 注22、井上、前掲論文、二九〇頁
＊24 前田麦二『画文集 徳山の思い出』マツノ書店、一九八五年、六九頁
＊25 池上洵一校注『今昔物語集』二四（本朝付世俗）、岩波書店、一九九三年、一一二頁
＊26 中田祝夫訳注『日本霊異記 中』講談社学術文庫、一九七九年、二六七〜二六九頁
＊27 岡田充博「「呑卵」から「呑象」まで――獲物を丸呑みにする蛇の話あれこれ」『横浜国大国語研究』三六、二〇一八年、一八頁
＊28 常光徹『うわさと俗信――民俗学の手帖から』河出書房新社、二〇一六年、一二二〜一二三頁
＊29 南方熊楠（校訂・飯倉照平）『十二支考』Ⅰ、東洋文庫二一五、平凡社、一九七二年、二八五〜二八六頁
＊30 注28、常光、前掲書、一一九、一二三頁
＊31 注28、常光、前掲書、一二三〜一二四頁
＊32 相島郷土史研究会編『読本 あいしま№1』相島郷土史研究会、一九八六年、六〇頁

＊33　松谷みよ子『木霊・蛇——木の精霊・木が死ぬ・木を守る・戦争と木・大蛇やつちのことあう・蛇聟・主や守り神』（現代民話考九）立風書房、一九九四年、三五〇頁
＊34　注33、松谷、前掲書、三五〇頁

## 第四章　妖怪とジェンダー

＊1　横道萬里雄・表章 校注『謡曲集』下（日本古典文学大系四一）岩波書店、一九六三年、一二九～一四二頁
＊2　久留島元「「道成寺縁起」あらすじ」大塚英志監修、山本忠宏編著『まんが訳 酒呑童子絵巻』ちくま新書一四九三、二〇二〇年、七八頁
＊3　高田衛『女と蛇——表徴の江戸文学誌』筑摩書房、一九九九年、九八～九九頁
＊4　注3、高田、前掲書、一〇六頁
＊5　堤邦彦『近世仏教説話の研究——唱導と文芸』翰林書房、一九九六年、二〇八～二三一頁
＊6　赤松啓介『女の歴史と民俗』明石書店、一九九三年、一三九～一四六頁
＊7　注3、高田、前掲書、九六頁
＊8　堤邦彦『女人蛇体《にょにんじゃたい》——偏愛の江戸怪談史』角川叢書三三、二〇〇六年、一八頁
＊9　注8、堤、前掲書、二八～三一頁
＊10　勝方＝稲福恵子『おきなわ女性学事始』新宿書房、二〇〇六年、八四～九三頁
＊11　注10、勝方＝稲福、前掲書、八六頁
＊12　注10、勝方＝稲福、前掲書、九〇頁

＊13　注10、勝方＝稲福、前掲書、九〇頁
＊14　注10、勝方＝稲福、前掲書、九〇頁
＊15　野村幸一郎「はじめに」鈴木紀子・林久美子・野村幸一郎編著『女の怪異学』（京都橘大学女性歴史文化研究所叢書）晃洋書房、二〇〇七年、vi頁
＊16　香川雅信「鬼魅の名は――近世前期における妖怪の名づけ」『日本民俗学』三〇二、二〇二〇年
＊17　注16、香川、前掲論文、一三～一五頁
＊18　小松和彦『鬼と日本人』KADOKAWA、二〇一八年、五～六頁
＊19　小松和彦「天狗と山姥　解説」小松和彦責任編集『天狗と山姥』（怪異の民俗学五）河出書房新社、二〇〇〇年、四二七頁
＊20　望月禮子「河童・天狗など」『女性と経験』一―二、女性民俗学研究会、一九五六年、四一頁
＊21　岩井宏實『女のちから――霊力・才覚・技量』法政大学出版局、二〇〇九年、八五～八九頁
＊22　黄桜酒造のホームページ　https://kizakura.co.jp/gallery/（二〇二一年九月閲覧）
＊23　宮田登「性と妖怪」『子ども・老人と性』（宮田登　日本を語る一二）吉川弘文館、二〇〇七年、一八九頁
＊24　注23、宮田、前掲書、一九〇頁
＊25　安井眞奈美『怪異と身体の民俗学――異界から出産と子育てを問い直す』せりか書房、二〇一四年、一九～二三頁
＊26　Braidotti, Rosi, “Mothers, Monsters, and Machines,” in *Writing on the Body: Female Embodi-*

*ment and Feminist Theory*, eds. Katie Conboy, Nadia Medina and Sarah Stanbury. Columbia University Press, 1997, pp.59-79.

＊27 フォスター、マイケル「「私、きれい?」――女性週刊誌に見られる「口裂け女」」小松和彦編『日本妖怪学大全』小学館、二〇〇三年、六三九頁

＊28 横道萬里雄・表章 校注「山姥」『謡曲集』下(日本古典文学大系四一)岩波書店、一九六三年、二七五～二八七頁

＊29 Noriko Tsunoda Reider, *Mountain Witches; Yamauba*. Utah State University Press, 2021, pp. 19-20.

＊30 川村邦光「金太郎の母――山姥をめぐって」小松和彦編『天狗と山姥』(怪異の民俗学五)河出書房新社、二〇〇〇年、三八六頁

＊31 小松和彦『神になった人びと』淡交社、二〇〇一年

＊32 注31、小松、前掲書、二二五頁

＊33 福江充『立山信仰と立山曼荼羅――芦峅寺衆徒の勧進活動』(日本宗教民俗学叢書四)岩田書院、一九九八年、七四～七五頁

＊34 福江充『立山曼荼羅――絵解きと信仰の世界』法蔵館、二〇〇五年、一〇五頁

＊35 Saka Chihiro, 坂知尋, "Bridging the Realms of Underworld and Pure Land: An Examination of Datsueba's Roles in the Zenkōji Pilgrimage Mandala." *Japanese Journal of Religious Studies* 44/2, Nanzan Institute for Religion and Culture, 2017, pp.191-223.

＊36 高達奈緒美「「血盆経」と女人救済――〝血の池地獄の語り〟を中心として」『国文学解釈と鑑賞』

五六―五、一九九一年、一二四〜一二八頁

＊37 勝浦令子「女の死後とその救済――母の生所と貴女の堕地獄」西口順子編『中世を考える 仏と女』（日本女性史論集五）吉川弘文館、一九九七年、六五〜六九頁

＊38 角田宏子『「小町集」の研究』（研究叢書三八五）和泉書院、二〇〇九年、三〇頁

＊39 鈴鹿千代乃「遊女幻想」鶴見和子他監修（伊東聖子・河野信子編）『おんなとおとこの誕生――古代から中世へ』（女と男の時空――日本女性史再考二）藤原書店、一九九六年、七一頁

＊40 片桐洋一『小野小町追跡――「小町集」による小町説話の研究』（改訂新版、古典ライブラリー一）笠間書院、一九九三年、五六頁

＊41 杤尾武校注『玉造小町子壮衰書――小野小町物語』岩波文庫、一九九四年、二九〜三〇頁

＊42 注41、杤尾、前掲書、六〜七頁

＊43 明川忠夫「小町伝承一覧」『小町伝説の伝承世界――生成と変容』勉誠出版、二〇〇七年、二四六〜二六四頁

＊44 注43、明川、前掲書、一二一頁

＊45 錦仁『浮遊する小野小町――人はなぜモノガタリを生みだすのか』笠間書院、二〇〇一年、一五頁

＊46 柳田國男「女性と民間伝承」『柳田國男全集』六、筑摩書房、一九九八年（初出一九三二年）、一二八頁

＊47 注46、柳田、前掲書、一二九頁

＊48 永井久美子「「世界三大美人」言説の生成――オリエンタルな美女たちへの願望」『Humanities

Center Booklet』六、東京大学連携研究機構ヒューマニティーズセンター、二〇二〇年
＊49 注48、永井、前掲論文、二八頁
＊50 注48、永井、前掲論文、三一頁
＊51 西口順子「成仏説と女性――「女犯偈」まで」児島恭子、塩見美奈子編『女性と宗教』（日本女性史論集五）吉川弘文館、一九九八年、三四七頁

## 第五章　性と性器の表現

＊1 荻野美穂は、西洋における近代的身体の成立を詳細に検討した中で、「女の身体は一方向的に、男のまなざしによる鑑賞と値踏みの対象、および専門医による管理の対象として、客体としてのみ存在することとなったのである。フーコーはこのような女の全存在の性への還元を「女の身体のヒステリー化と呼んだが（Foucault 1976=1986:134）」、ここではむしろこれを女の「性器化」現象とでも名づけてみたい」と指摘している（荻野美穂『ジェンダー化される身体』勁草書房、二〇〇二年、一九二～一九三頁）。フーコー、ミシェル（渡辺守章訳）『性の歴史Ⅰ 知への意志』新潮社、一九八六年
＊2 ブラックリッジ、キャサリン（藤田真利子訳）『ヴァギナ――女性器の文化史』河出書房新社、二〇〇五年、三九～四一頁
＊3 注2、ブラックリッジ、前掲書、四〇頁
＊4 石田英一郎『新訂版 桃太郎の母』講談社学術文庫、二〇〇七年、二〇二頁
＊5 長田須磨『奄美女性誌』（人間選書一三）農山漁村文化協会、一九七八年、一七五頁

＊6　注5、長田、前掲書、一七五頁
＊7　注5、長田、前掲書、一七四〜一七五頁
＊8　鈴木堅弘『とんでも春画――妖怪・幽霊・けものたち』新潮社、二〇一七年
＊9　歌川豊國（初代）・国虎『絵本おつもり盃』下巻、一八二六年
＊10　板坂則子『江戸時代恋愛事情――若衆の恋、町娘の恋』朝日新聞出版、二〇一七年、二三二頁
＊11　注10、板坂、前掲書、一七〇頁
＊12　注10、板坂、前掲書、一七四〜一七六頁
＊13　朝倉無聲『見世物研究』思文閣出版、一九七七年、一四五〜一四六頁
＊14　黒川正剛「ヨーロッパ近世の驚異――怪物と魔女」山中由里子編『〈驚異〉の文化史――中東とヨーロッパを中心に』名古屋大学出版会、二〇一五年、三五三〜三五四頁
＊15　Paré, Ambroise, *On Monsters and Marvels*, trans. Janis L. Pallister. University of Chicago Press, 1983, pp. 28-31.
＊16　ルロワ、アルマン・マリー（上野直人監修、築地誠子訳）『ヒトの変異――人体の遺伝的多様性について』みすず書房、二〇〇六年、一九二頁
＊17　雌雄同体には、線虫やミミズの一種がいる。京都大学理学研究科生物科学専攻動物学教室の高橋淑子教授の談による。
＊18　Yasui, Manami, "Depictions and Modelings of the Body Seen in Japanese Folk Religion: Connections to Yokai Images," *Advances in Anthropology, Special Issue on Folk Life and Folk Culture*, 2017, pp.79-93.

＊19　川村邦光「〝性の民俗〟研究をめぐって」川村邦光編『性の民俗叢書』一、勉誠出版、一九九八年、二七頁
＊20　倉石忠彦『身体伝承論――手指と性器の民俗』岩田書院、二〇一三年、二三六頁
＊21　小出町商工会青年部『青年部二〇年のあゆみ』一九九八年、六～七頁
＊22　神奈川大学国際日本学部の丸山泰明准教授のご教示による。
＊23　Wallis, Pip and Frew, Peggy, *Del Kathryn Barton: the highway is a disco /Pip Wallis and Peggy Frew*. the Council of Trustees of the National Gallery of Victoria, 2017.
＊24　注23、Wallis and Frew, 前掲書、"the stars eat your body (2009)," pp.70-71.
＊25　注23、Wallis and Frew, 前掲書 "inside another land," pp.14-27.

## 第六章　身体の放つ異界のパワー

＊1　村上春樹『騎士団長殺し　第二部　遷ろうメタファー編』新潮社、二〇一七年、三五〇～三五一頁
＊2　弘末雅士『人喰いの社会史――カンニバリズムの語りと異文化共存』山川出版社、二〇一四年。山田仁史『いかもの喰い――犬・土・人の食と信仰』亜紀書房、二〇一七年
＊3　注2、弘末、前掲書、一九四頁
＊4　注2、山田、前掲書、一五七～一五九頁
＊5　飯島吉晴「骨こぶり習俗」『日本民俗学』一五四、一九八四年、六頁
＊6　小松和彦「二つの「一つ家」――国芳と芳年の「安達ケ原」をめぐって」徳田和夫編『東の妖怪・

西のモンスター——想像力の文化比較』勉誠出版、二〇一八年
＊7 川添裕『江戸の見世物』岩波書店、二〇〇〇年、一六六〜一六八頁
＊8 注6、小松、前掲書、五九〜六四頁
＊9 注6、小松、前掲書、六八頁
＊10 斉藤研一『子どもの中世史』吉川弘文館、二〇〇三年、一四七〜一四九頁
＊11 注10、斉藤、前掲書、一五三頁
＊12 注10、斉藤、前掲書、一五一頁
＊13 恩賜財団母子愛育会編『日本産育習俗資料集成』第一法規出版、一九七五年、二五八頁
＊14 注13、恩賜財団母子愛育会編、前掲書、二五八〜二七三頁
＊15 波平恵美子『ケガレ』講談社学術文庫、二〇〇九年。なお月経に関する社会学的な研究として小野清美『アンネナプキンの社会史』（JICC出版局、一九九二年）を挙げておきたい。
＊16 ダグラス、メアリ（塚本利明訳）『汚穢と禁忌』思潮社、一九八五年、二二九頁
＊17 注16、ダグラス、前掲書、二三〇頁
＊18 注16、ダグラス、前掲書、二三〇〜二三一頁
＊19 江紹原『髪鬚爪——関於它們的風俗』（民俗、民間文学影印資料一〇）上海文芸出版社、一九八七年、二九頁
＊20 フレイザー、ジェームズ（永橋卓介訳）『金枝篇』一、岩波文庫、一九五一年、一〇五〜一一九頁
＊21 注19、江、前掲書、一〇二、一二二頁

＊22　安井眞奈美『怪異と身体の民俗学――異界から出産と子育てを問い直す』せりか書房、二〇一四年、九七～一一一頁、一一八～一一九頁
＊23　中村禎里『胞衣の生命』海鳴社、一九九九年、二六、六六～六八頁
＊24　飯島吉晴「胞衣をかぶって生まれた子供の信仰と民俗」天理大学考古学・民俗学研究室編『モノと図像から探る怪異・妖怪の東西』勉誠出版、二〇一七年、一四一～一四二頁
＊25　注20、フレイザー、前掲書、一一一頁
＊26　永尾龍造『支那民俗誌』六、アジア学叢書八九、大空社、二〇〇二年、一五〇頁
＊27　注26、永尾、前掲書、一九二頁
＊28　注26、永尾、前掲書、三〇五頁
＊29　李時珍撰、李建中図『本草綱目』五二、胡承竜、一五九〇年
＊30　井出季和太『支那の奇習と異聞』大空社、二〇一〇年
＊31　濱千代早由美「胞衣をめぐる状況の変化と意識変容」安井眞奈美編『出産の民俗学・文化人類学』勉誠出版、二〇一四年、一二九頁
＊32　注31、濱千代、前掲論文、一三六頁
＊33　野津幸治「タイにおけるクマーントーン信仰について――開運のお守りになった胎児の霊」『四国学院大学論集』一五一、二〇一七年、七頁
＊34　関泰子「タイにおける妖怪と神――クマーン・トーン」小松和彦編『進化する妖怪文化研究』せりか書房、二〇一七年、四三八頁
＊35　注34、関、前掲論文、四四〇頁

＊36　注33、野津、前掲論文、六頁
＊37　津村文彦「ナーン・ナークの語るもの――タイ近代国家形成期の仏教と精霊信仰」『アジア経済』四三―一、二〇〇二年、二九頁
＊38　注34、関、前掲論文、四四一頁
＊39　安井眞奈美『怪異と身体の民俗学――異界から出産と子育てを問い直す』せりか書房、二〇一四年、三一〜三三頁。姑獲鳥については、木場貴俊『怪異をつくる――日本近世怪異文化史』文学通信、二〇二〇年、二五六〜二八〇頁参照。
＊40　注33、野津、前掲論文、一〇〜一一頁
＊41　野津幸治「タイにおけるクマーントーン信仰の多様性」『南方文化』四六、二〇二〇年、二頁
＊42　注33、野津、前掲論文、一二〜一三頁
＊43　野津幸治「タイにおけるクマーントーン信仰普及の背景と要因――信奉者の体験談からの考察」『東アジアにおける宗教的シンクレティズムの社会学的研究――日本・中国・東南アジア（平成二七年度〜二九年度 科学研究費補助金（基盤研究（B））二〇一八年科研報告書』橋本（関）泰子（研究代表者）、二〇一八年、七八、八四頁
＊44　藤井正雄『死と骨の習俗』ふたばらいふ新書、双葉社、二〇〇〇年、七六、七八頁
＊45　小川宏『あの頃』ポプラ社、二〇〇三年、四四頁
＊46　金田久璋『あどうがたり――若狭と越前の民俗世界』福井新聞社、二〇〇七年、二四頁

## 第七章　胎児への関心

＊1　中野操編著『錦絵医学民俗志』金原出版、一九八〇年
＊2　川村邦光『〈民俗の知〉の系譜――近代日本の民俗文化』昭和堂、二〇〇〇年、五頁
＊3　増田太次郎編著『引札 絵びら 錦絵広告――江戸から明治・大正へ』誠文堂新光社、一九七七年、一一七頁
＊4　稲垣進一編著、福田繁雄監修『江戸の遊び絵』東京書籍、一九八八年、四四～四五頁
＊5　香川雅信・木場貴俊「木版印刷と「二次創作」の時代（一七世紀～一八九〇）」日文研大衆文化研究プロジェクト『日本大衆文化史』KADOKAWA、二〇二〇年、八八～八九頁
＊6　注5、香川・木場、前掲論文、一一二頁
＊7　注2、川村、前掲書、七頁
＊8　荻野美穂『ジェンダー化される身体』勁草書房、二〇〇二年、一七六頁。ドゥーデン、バーバラ（井上茂子訳）『女の皮膚の下――十八世紀のある医師とその患者たち』藤原書店、一九九四年。三木成夫は『胎児の世界――人類の生命記録』（中公新書、一九八三年、五二頁）で、「出産という肉体の営みが受胎と同様に「医」の世界から離れたものであることを、あらためて知る必要があるのではないか」と指摘している。
＊9　川井ゆう「「胎内十月」の見世物を追って」井上章一編『性欲の文化史』一、講談社、二〇〇八年、一七六～一七七頁
＊10　「産婆ノ買薬世話及堕胎等ノ取締方」（行政官布達）。安井眞奈美『出産環境の民俗学――〈第三次お産革命〉にむけて』昭和堂、二〇一三年、二四～二五頁
＊11　注10、安井、前掲書、二六～二九頁

＊12 Burns, Susan, "When abortion became a crime: abortion, infanticide, and the law in early Meiji Japan," in *History and folklore studies in Japan*, eds. David L. Howell and James C. Baxter, International Research Center for Japanese Studies, 2006, pp.37-38

＊13 （岩田重則『〈いのち〉をめぐる近代史——堕胎から人工妊娠中絶へ』吉川弘文館、二〇〇九年、六〜七頁。金津日出美「近代日本における『堕胎ノ罪』の成立」『女性史学』六、一九九六年）

＊14 中村一基「「胎内十月の図」の思想史的展開」『岩手大学教育学部研究年報』五〇—一、一九九〇年、二三頁

＊15 中村禎里『中国における妊娠・胎発生論の歴史』思文閣出版、二〇〇六年、iii、二一九〜二三九頁

＊16 Kritzer, Robert, "Life in the Womb: Conception and Gestation in Buddhist Scripture and Classical Indian Medical Literature," in *Imagining the fetus: the unborn in myth, religion, and culture*, eds. Vanessa R. Sasson and Jane Marie Law, Oxford University Press, 2009, pp.72-89.

＊17 Dolce, Lucia, "The Embryonic Generation of the Perfect Body: Ritual Embryology from Japanese Tantric Sources," in *Transforming the Void: Embryological Discourse and Reproductive Imagery in East Asian Religions*, eds. Anna Andreeva and Dominic Steavu, Brill, 2016, p.261.

＊18 注17、Dolce、前掲論文、pp.269-270

＊19 艸田寸木子（苗村丈伯）『女重宝記』元禄五（一六九二）年版

＊20 沢山美果子『出産と身体の近世』勁草書房、一九九八年、二六六頁

＊21 賀川玄悦著、賀川玄迪、山脇叔光校『子玄子産論』済世館、一七七五年。産科文献読書会（杉

山次子）『平成版 産論・産論翼』岩田書院、二〇〇八年

＊22 Smellie, William, *A sett of anatomical tables, with explanations, and an abridgment, of the practice of midwifery; with a view to illustrate a treatise on that subject, and collection of cases.* London, 1754.

＊23 杉立義一「解題 賀川玄悦と賀川流産科の発展」『産論／賀川玄悦・産論翼／賀川玄迪・読産論／橘南谿』出版科学総合研究所、一九七七年、二八頁。注9、川井、前掲書、一六八～一六九頁

＊24 荻野美穂『ジェンダー化される身体』勁草書房、二〇〇二年、一五七頁

＊25 沢山美果子『江戸の乳と子ども――いのちをつなぐ』吉川弘文館、二〇一七年、一八八頁

＊26 注25、沢山、前掲書、一九〇頁

＊27 スクリーチ、タイモン（高山宏訳）『江戸の身体を開く』作品社、一九九七年、二三三頁

＊28 今井秀和「翻刻『絵入日用 女重宝記』について」『日本文学研究』四四、二〇〇五年、一一八頁

＊29 米津江里「近世書物にみる胎児観――女性用書物を中心に」東アジア恠異学会編『怪異学の技法』臨川書店、二〇〇三年、二七八～二七九頁。高井蘭山編輯『女重寳記』五巻 江戸・和泉屋金右衛門ほか、大坂・河内屋喜兵衛、一八四七年（高井蘭山編『絵入日用 女重宝記』（『江戸時代女性文庫』五八、大空社、一九九六年）

＊30 注9、川井、前掲論文、一六六～一六八頁

＊31 宇田川玄真『西説医範提綱釈義』全三巻 一八〇五年

＊32　クレインス、フレデリック『江戸時代における機械論的身体観の受容』臨川書店、二〇〇六年、三頁
＊33　注32、クレインス、前掲書、三三〇頁
＊34　注32、クレインス、前掲書、三五〇頁
＊35　注32、クレインス、前掲書、三六九頁
＊36　赤川学「開化セクソロジーの研究」『人文科学論集〈人間情報学科〉』三二、信州大学人文学部、一九九八年、二一頁
＊37　アストン、ゼームス（千葉繁翻訳）『造化機論 乾〔坤〕』薔薇楼蔵板、一八七五年
＊38　注36、赤川、前掲論文、二一頁
＊39　注36、赤川、前掲論文、二五頁
＊40　福城駒多朗『通俗男女衛生論 第一篇』東京出版、一八八〇年、八頁
＊41　注40、福城、前掲書、六二頁
＊42　注40、福城、前掲書、六五頁
＊43　注40、福城、前掲書、六六〜六八頁
＊44　岡田常三郎編『新撰造化機論』内藤彦一出版、一八八四年、第三図
＊45　大川新吉『造化懐妊論』一八八七年
＊46　安井眞奈美「『主婦之友』別冊附録にみる女性の身体」坪井秀人編『ジェンダーと生政治』臨川書店、二〇一九年

## 終章「狙われた身体」を守るために

＊1　徳田和夫編『東の妖怪・西のモンスター――想像力の文化比較』勉誠出版、二〇一八年

＊2　山中由里子編、国立民族学博物館監修『驚異と怪異――想像界の生きものたち』河出書房新社、二〇一九年

＊3　小松和彦「比較妖怪学の可能性」注1、山中、前掲書、二三二～二三三頁。比較妖怪学の必要性については、すでに二〇一七年に指摘されている（小松和彦「コメント　怪異・妖怪の東西――比較妖怪学に向けて」天理大学考古学・民俗学研究室編『モノと図像から探る怪異・妖怪の東西』勉誠出版、二〇一七年、一五四～一五五頁）

＊4　関泰子「タイにおける妖怪と神――クマーン・トーン」小松和彦編『進化する妖怪文化研究』せりか書房、二〇一七年、四三八頁

＊5　Manami Yasui, "Imagining the Spirits of Deceased Pregnant Women: An Analysis of Illustrations of Ubume in Early Modern Japan", *Japan review*: Jounal of the International Research Center for Japanese Studies 35, March 2021, pp.91-112.

＊6　スピヴァク、ガヤトリ・C（上村忠男訳）『サバルタンは語ることができるか』みすず書房、一九九八年

＊7　田中雅一・嶺崎寛子「序　ジェンダー暴力とは何か？」田中雅一・嶺崎寛子編『ジェンダー暴力の文化人類学――家族・国家・ディアスポラ社会』昭和堂、二〇二一年、六頁

＊8　注7、田中・嶺崎、前掲書、六頁

# 参考文献

## はじめに

伊藤龍平『何かが後をついてくる――妖怪と身体感覚』青弓社、二〇一八年
京極夏彦「通俗的「妖怪」概念の成立に関する一考察」小松和彦編『日本妖怪学大全』小学館、二〇〇三年
小松和彦『妖怪学新考――妖怪からみる日本人の心』小学館ライブラリー、二〇〇〇年
安井眞奈美『怪異と身体の民俗学――異界から出産と子育てを問い直す』せりか書房、二〇一四年
柳田國男「遠野物語」『柳田國男全集』二、筑摩書房、一九九七年

## 第一章

磯田道史『感染症の日本史』文春新書、二〇二〇年
伊藤信博「なぜ江戸時代に擬人化がひろがったのか」伊藤慎吾編『妖怪・憑依・擬人化の文化史』笠間書院、二〇一六年
ヴィガレロ、ジョルジュ（見市雅俊監訳）『清潔《きれい》になる〈私〉――身体管理の文化誌』同文館、一九九四年
氏家幹人『江戸の病』講談社選書メチエ四三七、二〇〇九年
荻野美穂『ジェンダー化される身体』勁草書房、二〇〇二年

恩賜財団母子愛育会編『日本産育習俗資料集成』第一法規出版、一九七五年
香川雅信「疱瘡神祭りと玩具――近世都市における民間信仰の一側面」『大阪大学日本学報』一五、一九九六年
金津日出美「18世紀日本の身体図にみる女と男」『歴史学研究』七六四、二〇〇二年
蔵持不三也『ペストの文化誌――ヨーロッパの民衆文化と疫病』朝日新聞社、一九九五年
香西豊子『種痘という〈衛生〉――近世日本における予防接種の歴史』東京大学出版会、二〇一九年
小宮正安「驚異の部屋「ヴンダーカンマー」の時代」山中由里子編『〈驚異〉の文化史――中東とヨーロッパを中心に』名古屋大学出版会、二〇一五年
酒井シヅ「一七、一八世紀の日本人の身体観」山田慶兒・栗山茂久共編『歴史の中の病と医学』思文閣出版、一九九七年
シービンガー、ロンダ（本間直樹・森田登代子訳）「クロゼットの中の骸骨たち――一八世紀の解剖学における最初の女性骨格図像」鷲田清一、野村雅一編『表象としての身体』（叢書・身体と文化三）大修館書店、二〇〇五年
ジェイ・キャスト編『虫の知らせ――九州国立博物館蔵『針聞書』』ジェイ・キャスト、二〇〇七年
清水茜『はたらく細胞』一、講談社、二〇一五年
清水茜『はたらく細胞』六、講談社、二〇二一年
白杉悦雄『冷えと肩こり――身体感覚の考古学』講談社選書メチエ五八一、二〇一四年
鈴木則子『江戸の流行り病――麻疹騒動はなぜ起こったのか』吉川弘文館、二〇一二年
長野栄俊「変質するアマビエ――二〇二〇年の「疫病退散」から考える」『歴史地理教育』九一九、

二〇二一年
長野栄俊「予言獣アマビコ・再考」小松和彦編『妖怪文化研究の最前線』せりか書房、二〇〇九年
長野仁「試論『針聞書』戦国時代の鍼灸ムーブメント――古来、ハリとムシとハラは因果な仲間」ジェイ・キャスト編『虫の知らせ――九州国立博物館蔵『針聞書』』ジェイ・キャスト、二〇〇七年
長野仁「63種登場！『針聞書』に描かれたハラノムシ」ジェイ・キャスト編『虫の知らせ――九州国立博物館蔵『針聞書』』ジェイ・キャスト、二〇〇七年
長谷川雅雄、辻本裕成、ペトロ・クネヒト、美濃部重克『「腹の虫」の研究――日本の心身観をさぐる』名古屋大学出版会、二〇一二年
速水融『日本を襲ったスペイン・インフルエンザ――人類とウイルスの第一次世界戦争』藤原書店、二〇〇六年
富士川游著、松田道雄解説『日本疾病史』東洋文庫一三三、平凡社、一九六九年
宮田登『江戸のはやり神』筑摩書房、一九九三年
山田厳子「見世物としてのケッカイ」『弘前大学国語国文学』二四、二〇〇三年
山中由里子編、国立民族学博物館監修『驚異と怪異――想像界の生きものたち』河出書房新社、二〇一九年
ローテルムンド、ハルトムート・オ『疱瘡神――江戸時代の病いをめぐる民間信仰の研究』岩波書店、一九九五年
厚生労働省「国内の発生状況など」https://www.mhlw.go.jp/stf/covid-19/kokunainohasseijoukyou.

html
ジョンズ・ホプキンス大学 "COVID-19 Dashboard" https://gisanddata.maps.arcgis.com/apps/opsdashboard/index.html#/bda7594740fd40299423467b48e9ecf6
奈良県「新型コロナウイルス感染症との戦いの最前線の情報をお伝えします」『県民だより奈良』臨時号、二〇二〇年 http://www.pref.nara.jp/55504.htm

## 第二章

飯倉義之「鎌鼬存疑――「カマイタチ現象」真空説の受容と展開」小松和彦編『妖怪文化の伝統と創造――絵巻・草紙からマンガ・ラノベまで』せりか書房、二〇一〇年
逸木盛照「国々の言い習はし（一〇）」『郷土研究』三―七、一九一五年
入江靖二『図説 深谷灸法――臨床の真髄と新技術』自然社、一九八〇年
大形徹『魂のありか――中国古代の霊魂観』角川選書三一五、二〇〇〇年
大隅典子『脳の誕生――発生・発達・進化の謎を解く』ちくま新書一二九七、二〇一七年
大塚敬節主講、日本漢方医学研究所編『金匱要略講話』創元社、一九七九年
桂井和雄「七人みさきに就て（一）――土佐の資料を中心として」『旅と伝説』一八二、一九四三年
栗山茂久「肩こり考」山田慶兒・栗山茂久共編『歴史の中の病と医学』思文閣出版、一九九七年
黒田日出男『境界の中世 象徴の中世』東京大学出版会、一九八六年
高文柱主編『薬王千金方』華夏出版社、二〇〇四年
国学院大学民俗学研究会「岩手県九戸郡九戸村 イタコ・祈禱師ほか」『民俗採訪』昭和六二年度号、

国学院大学民俗学研究会、一九八八年
小嶋博巳「ろくさん 六三」『日本民俗大辞典』下、吉川弘文館、二〇〇〇年
小松和彦「憑霊信仰研究の回顧と展望」小松和彦編『憑霊信仰』（民衆宗教史叢書三〇）、雄山閣出版、一九九二年
酒井シヅ「頭痛の誕生と腹痛の変容」栗山茂久・北澤一利編著『近代日本の身体感覚』青弓社、二〇〇四年
佐々木宏幹「「カゼ」と「インネン」」『人類科学』三七、一九八五年
篠原孝市他編『外台秘要方 宋版』上（東洋医学善本叢書四～五）東洋医学研究会、一九八一年
角田恵重「上野勢多郡より」『郷土研究』三―七、一九一五年
巣元方（南京中医学院校釈、牟田光一郎訳）「風病諸候 下」『校釈 諸病源候論』二、緑書房、二〇〇〇年
宋丹丹「岩石伝説の身体性に関する一考察――『日本伝説大系』と『日本の伝説』を中心に」『総研大文化科学研究』一七、二〇二一年
孫思邈（張璐衍義）『備急千金要方』一四、中原書局、一九二六年
高田十郎「西播の狐憑」『民族と歴史』八―一、一九二二年
高橋文太郎「曲り松の話その他」『民族』四―三、一九二九年
ダグラス、メアリ（塚本利明訳）『汚穢と禁忌』思潮社、一九八五年
辰井隆「兵庫県神戸市布引附近」『旅と伝説』六―七、一九三三年
田中勝雄「丹波国船井郡の地名伝説、その他」『旅と伝説』一二―二、一九三九年

丹波康頼撰、槇佐知子全訳精解『医心方』筑摩書房、一九九三～二〇一二年
丁光迪主編、倪和憲副主編『諸病源候論校注』上、人民衛生出版社、一九九一年
東洋大学民俗研究会「信仰」『粕尾の民俗――栃木県上都賀郡粟野町旧粕尾村（下粕尾は除く）』昭和四八年度号、東洋大学民俗研究会、一九七四年
長島信弘『死と病いの民族誌――ケニア・テソ族の災因論』岩波書店、一九八七年
長濱善夫『東洋医学概説』創元社、一九六一年
ハイエク、マティアス「算置考――中世から近世初期までの占い師の実態を探って」『京都民俗』二七、二〇一〇年
廣田龍平「俗信、科学知識、そして俗説――カマイタチ真空説にみる否定論の伝統」『日本民俗学』二八七、二〇一六年
曲直瀬道三（柳田征司解説）『類証弁異全九集』勉誠社、一九八二年
宮地敦子『身心語彙の史的研究』明治書院、一九七九年
安井眞奈美『怪異と身体の民俗学――異界から出産と子育てを問い直す』せりか書房、二〇一四年
吉川祐子「悪霊と民俗」『静岡県史　資料編二五　民俗三』静岡県、一九九一年

## 第三章

相島郷土史研究会編『読本　あいしまNo.1』相島郷土史研究会、一九八六年
池上洵一校注『今昔物語集』二四（本朝付世俗）、岩波書店、一九九三年
伊藤芳道「娘と蝮」『ドルメン』二―九、一九三三年

井上章一『パンツが見える。――羞恥心の現代史』新潮文庫、二〇一八年
遠藤冬花「婦人と蛇事件」『ドルメン』三―一、一九三四年
岡田充博「「呑卵」から「呑象」まで――獲物を丸呑みにする蛇の話あれこれ」『横浜国大国語研究』三六、二〇一八年
小池淳一「耳のフォークロア――身体感覚の民俗的基礎」『国立歴史民俗博物館研究報告』一六九、二〇一一年
小松和彦『悪霊論――異界からのメッセージ』青土社、一九八九年
小松和彦『神隠し――異界からのいざない』弘文堂、一九九一年
小松茂美編『北野天神縁起』（続日本の絵巻一五）中央公論社、一九九一年
小峯和明編『今昔物語集索引』岩波書店、二〇〇一年
左夫留児「婦人と蛇」『ドルメン』二―一一、一九三三年
淑石生「婦人と蛇」『ドルメン』二―一〇、一九三三年
高橋照之助「蛇と娘に就て真実の話」『ドルメン』二―一二、一九三三年
常光徹『うわさと俗信――民俗学の手帖から』河出書房新社、二〇一六年
匿名・S「婦人と蛇について」『ドルメン』二―一二、一九三三年
中市謙三「柏の葉風」『旅と伝説』一〇六、一九三六年
中田祝夫訳注『日本霊異記　中』講談社学術文庫、一九七九年
長澤武『動物民俗』Ⅱ、法政大学出版局、二〇〇五年
前田麦二『画文集　徳山の思い出』マツノ書店、一九八五年

松谷みよ子『木霊・蛇ほか――木の精霊・木が死ぬ・木を守る・戦争と木・大蛇やつちのことあう・蛇聟・主や守り神』(現代民話考九)立風書房、一九九四年
南方熊楠(校訂・飯倉照平)『十二支考』I、東洋文庫二一五、平凡社、一九七二年
宮本常一「子供をさがす」『忘れられた日本人』岩波文庫、一九八四年
安井眞奈美『怪異と身体の民俗学――異界から出産と子育てを問い直す』せりか書房、二〇一四年
柳田國男「遠野物語」『柳田國男全集』二、筑摩書房、一九九七年
柳田國男編『遠野物語 付・遠野物語拾遺』角川書店、一九九九年

## 第四章

赤松啓介『女の歴史と民俗』明石書店、一九九三年
明川忠夫『小町伝説の伝承世界――生成と変容』勉誠出版、二〇〇七年
岩井宏實『女のちから――霊力・才覚・技量』法政大学出版局、二〇〇九年
香川雅信「鬼魅の名は――近世前期における妖怪の名づけ」『日本民俗学』三〇二、二〇二〇年
片桐洋一『小野小町追跡――「小町集」による小町説話の研究』(改訂新版)(古典ライブラリー一)笠間書院、一九九三年
勝浦令子「女の死後とその救済――母の生所と貴女の堕地獄」西口順子編『中世を考える 仏と女』(日本女性史論集五)吉川弘文館、一九九七年
勝方=稲福恵子『おきなわ女性学事始』新宿書房、二〇〇六年

川村邦光「金太郎の母――山姥をめぐって」小松和彦編『天狗と山姥』（怪異の民俗学五）河出書房新社、二〇〇〇年
久留島元「「道成寺縁起」あらすじ」大塚英志監修、山本忠宏編著『まんが訳 酒呑童子絵巻』ちくま新書一四九二、二〇二〇年
高達奈緒美「「血盆経」と女人救済――〝血の池地獄の語り〟を中心として」『国文学解釈と鑑賞』五六―五、至文堂、一九九一年
小松和彦「天狗と山姥 解説」小松和彦責任編集『天狗と山姥』（怪異の民俗学五）河出書房新社、二〇〇〇年
小松和彦『神になった人びと』淡交社、二〇〇一年
小松和彦『鬼と日本人』KADOKAWA、二〇一八年
鈴鹿千代乃「遊女幻想」鶴見和子他監修（伊東聖子・河野信子編）『おんなとおとこの誕生――古代から中世へ』（女と男の時空――日本女性史再考二）藤原書店、一九九六年
角田宏子『「小町集」の研究』（研究叢書三八五）和泉書院、二〇〇九年
高田衛『女と蛇――表徴の江戸文学誌』筑摩書房、一九九九年
堤邦彦『近世仏教説話の研究――唱導と文芸』翰林書房、一九九六年
堤邦彦『女人蛇体《にょにんじゃたい》――偏愛の江戸怪談史』角川叢書三三、二〇〇六年
杤尾武校注『玉造小町子壮衰書――小野小町物語』岩波文庫、一九九四年
永井久美子「「世界三大美人」言説の生成――オリエンタルな美女たちへの願望」『Humanities Center Booklet』六、東京大学連携研究機構ヒューマニティーズセンター、二〇二〇年

錦仁『浮遊する小野小町――人はなぜモノガタリを生みだすのか』笠間書院、二〇〇一年
西口順子「成仏説と女性――「女犯偈」まで」児島恭子、塩見美奈子編『女性と宗教』（日本女性史論集五）吉川弘文館、一九九八年
野村幸一郎「はじめに」鈴木紀子・林久美子・野村幸一郎編著『女の怪異学』（京都橘大学女性歴史文化研究所叢書）晃洋書房、二〇〇七年
フォスター、マイケル「「私、きれい？」――女性週刊誌に見られる「口裂け女」」小松和彦編『日本妖怪学大全』小学館、二〇〇三年
福江充『立山信仰と立山曼荼羅――芦峅寺衆徒の勧進活動』（日本宗教民俗学叢書四）岩田書院、一九九八年
福江充『立山曼荼羅――絵解きと信仰の世界』法藏館、二〇〇五年
宮田登「性と妖怪」『子ども・老人と性』（宮田登　日本を語る一二）吉川弘文館、二〇〇七年
望月禮子「河童・天狗など」『女性と経験』一―二、女性民俗学研究会、一九五六年
安井眞奈美『怪異と身体の民俗学――異界から出産と子育てを問い直す』せりか書房、二〇一四年
柳田國男『柳田國男全集』六、筑摩書房、一九九八年
横道萬里雄・表章 校注『謡曲集』下（日本古典文学大系四一）岩波書店、一九六三年
Braidotti, Rosi. "Mothers, Monsters, and Machines." *in Writing on the Body: Female Embodiment and Feminist Theory*, eds. Katie Conboy, Nadia Medina and Sarah Stanbury, Columbia University Press, 1997.
Tsunoda Reider, Noriko. *Mountain Witches; Yamauba.* Utah State University Press, 2021.

Saka Chihiro, 坂知尋、"Bridging the Realms of Underworld and Pure Land: An Examination of Datsueba's Roles in the Zenkōji Pilgrimage Mandala." *Japanese Journal of Religious Studies* 44:2, Nanzan Institute for Religion and Culture, 2017.

黄桜酒造のホームページ　https://kizakura.co.jp/gallery/（二〇二一年九月閲覧）

## 第五章

石田英一郎『新訂版　桃太郎の母』講談社学術文庫、二〇〇七年

板坂則子『江戸時代恋愛事情――若衆の恋、町娘の恋』朝日新聞出版、二〇一七年

荻野美穂『ジェンダー化される身体』勁草書房、二〇〇二年

長田須磨『奄美女性誌』（人間選書一三）農山漁村文化協会、一九七八年

川村邦光「〝性の民俗〟研究をめぐって」川村邦光編『性の民俗叢書』1、勉誠出版、一九九八年

倉石忠彦『身体伝承論――手指と性器の民俗』岩田書院、二〇一三年

黒川正剛「ヨーロッパ近世の驚異――怪物と魔女」山中由里子編『〈驚異〉の文化史――中東とヨーロッパを中心に』名古屋大学出版会、二〇一五年

小出商工会青年部『青年部二〇年のあゆみ』一九九八年

鈴木堅弘『とんでも春画――妖怪・幽霊・けものたち』新潮社、二〇一七年

フーコー、ミシェル（渡辺守章訳）『性の歴史Ｉ　知への意志』新潮社、一九八六年

ルロワ、アルマン・マリー（上野直人監修、築地誠子訳）『ヒトの変異――人体の遺伝的多様性について』みすず書房、二〇〇六年

ブラックリッジ、キャサリン（藤田真利子訳）『ヴァギナ――女性器の文化史』河出書房新社、二〇〇五年
Wallis, Pip and Frew, Peggy. *Del Kathryn Barton: the highway is a disco,/Pip Wallis and Peggy Frew.* the Council of Trustees of the National Gallery of Victoria, 2017.
Paré, Ambroise. *On Monsters and Marvels*, trans. Janis L. Pallister, Chicago: The University of Chicago Press, 1983.
Yasui, Manami. "Depictions and Modelings of the Body Seen in Japanese Folk Religion: Connections to Yokai Images", *Advances in Anthropology, Special Issue on Folk Life and Folk Culture*, 2017, pp.79-93.

## 第六章

飯島吉晴「骨こぶり習俗」『日本民俗学』一五四、一九八四年
飯島吉晴「胞衣をかぶって生まれた子供の信仰と民俗」天理大学考古学・民俗学研究室編『モノと図像から探る怪異・妖怪の東西』勉誠出版、二〇一七年
井出季和太『支那の奇習と異聞』大空社、二〇一〇年
小川宏『あの頃』ポプラ社、二〇〇三年
恩賜財団母子愛育会編『日本産育習俗資料集成』第一法規出版、一九七五年
金田久璋『あどうがたり――若狭と越前の民俗世界』福井新聞社、二〇〇七年
川添裕『江戸の見世物』岩波書店、二〇〇〇年
木場貴俊『怪異をつくる――日本近世怪異文化史』文学通信、二〇二〇年

江紹原『髪鬚爪――関於它們的風俗』（民俗、民間文学影印資料一〇）上海文芸出版社、一九八七年
小松和彦「二つの「一つ家」――国芳と芳年の「安達ヶ原」をめぐって」徳田和夫編『東の妖怪・西のモンスター――想像力の文化比較』勉誠出版、二〇一八年
斉藤研一『子どもの中世史』吉川弘文館、二〇〇三年
関泰子「タイにおける妖怪と神――クマーン・トーン」小松和彦編『進化する妖怪文化研究』せりか書房、二〇一七年
ダグラス、メアリ（塚本利明訳）『汚穢と禁忌』思潮社、一九八五年
津村文彦「ナーン・ナークの語るもの――タイ近代国家形成期の仏教と精霊信仰」『アジア経済』四三―一、二〇〇二年
中村禎里『胞衣の生命』海鳴社、一九九九年
永尾龍造『支那民俗誌』六、アジア学叢書八九、大空社、二〇〇二年
波平恵美子『ケガレ』講談社学術文庫、二〇〇九年
野津幸治「タイにおけるクマーントーン信仰について――開運のお守りになった胎児の霊」『四国学院大学論集』一五一、二〇一七年
野津幸治「タイにおけるクマーントーン信仰普及の背景と要因――信奉者の体験談からの考察」『東アジアにおける宗教的シンクレティズムの社会学的研究――日本・中国・東南アジア（平成二七年度～二九年度　科学研究費補助金（基盤研究（B））二〇一八年科研報告書』橋本（関）泰子（研究代表者）、二〇一八年
野津幸治「タイにおけるクマーントーン信仰の多様性」『南方文化』四六、二〇二〇年

濱千代早由美「胞衣をめぐる状況の変化と意識変容」安井眞奈美編『出産の民俗学・文化人類学』勉誠出版、二〇一四年
弘末雅士『人喰いの社会史――カンニバリズムの語りと異文化共存』山川出版社、二〇一四年
藤井正雄『死と骨の習俗』ふたばらいふ新書〇二六、双葉社、二〇〇〇年
フレイザー、ジェームズ（永橋卓介訳）『金枝篇』一、岩波文庫、一九五一年
村上春樹『騎士団長殺し 第二部 遷ろうメタファー編』新潮社、二〇一七年
安井眞奈美『怪異と身体の民俗学――異界から出産と子育てを問い直す』せりか書房、二〇一四年
山田仁史『いかもの喰い――犬・土・人の食と信仰』亜紀書房、二〇一七年
李時珍撰、李建中図『本草綱目』五二、胡承竜、一五九〇年

## 第七章

赤川学「開化セクソロジーの研究」『人文科学論集〈人間情報学科〉』三三、信州大学人文学部、一九九八年
アストン、ゼームス（千葉繁翻訳）『造化機論 乾［坤］』薔薇楼蔵板、一八七五年
伊藤晴雨著、宮尾與男編注『江戸と東京 風俗野史』国書刊行会、二〇〇一年
稲垣進一編著、福田繁雄監修『江戸の遊び絵』東京書籍、一九八八年
今井秀和「翻刻『絵入日用 女重宝記』について」『日本文学研究』四四、二〇〇五年
岩田重則『〈いのち〉をめぐる近代史――堕胎から人工妊娠中絶へ』吉川弘文館、二〇〇九年
宇田川玄真『西説医範提綱釈義』一八〇五年

大川新吉『造化懐妊論』一八八七年
岡田常三郎編『新撰造化機論』内藤彦一出版、一八八四年
荻野美穂『ジェンダー化される身体』勁草書房、二〇〇二年
賀川玄悦著、賀川玄迪、山脇叔光校『子玄子産論』済世館、一七七五年
香川雅信・木場貴俊「木版印刷と「二次創作」の時代（一七世紀〜一八九〇）」日文研大衆文化研究プロジェクト編著『日本大衆文化史』KADOKAWA、二〇二〇年
金津日出美「近代日本における『堕胎ノ罪』の成立」『女性史学』六、一九九六年
川井ゆう「「胎内十月」の見世物を追って」井上章一編『性欲の文化史』一、講談社、二〇〇八年
川村邦光『〈民俗の知〉の系譜――近代日本の民俗文化』昭和堂、二〇〇〇年
艸田寸木子（苗村丈伯）『女重宝記』元禄五（一六九二）年初版、吉野屋次郎兵衛ほか出版、国立国会図書館蔵
クレインス、フレデリック『江戸時代における機械論的身体観の受容』臨川書店、二〇〇六年
沢山美果子『出産と身体の近世』勁草書房、一九九八年
沢山美果子『江戸の乳と子ども――いのちをつなぐ』吉川弘文館、二〇一七年
産科文献読書会（杉山次子）『平成版　産論・産論翼』岩田書院、二〇〇八年
杉立義一「解題　賀川玄悦と賀川流産科の発展」『産論／賀川玄悦・産論翼／賀川玄迪・読産論／橘南谿』出版科学総合研究所、一九七七年
スクリーチ、タイモン（高山宏訳）『江戸の身体を開く』作品社、一九九七年
高井蘭山編輯『女重寳記』五巻　江戸・和泉屋金右衛門ほか、大坂・河内屋喜兵衛、一八四七年

ドゥーデン、バーバラ（井上茂子訳）『女の皮膚の下――十八世紀のある医師とその患者たち』藤原書店、一九九四年
中村一基「「胎内十月の図」の思想史的展開」『岩手大学教育学部研究年報』五〇―一、一九九〇年
中村禎里『中国における妊娠・胎発生論の歴史』思文閣出版、二〇〇六年
福城駒多朗『通俗男女衛生論 第一篇』東京出版、一八八〇年
増田太次郎編著『引札 絵びら 錦絵広告――江戸から明治・大正へ』誠文堂新光社、一九七七年
三木成夫『胎児の世界――人類の生命記録』中公新書、一九八三年
安井眞奈美『出産環境の民俗学――〈第三次お産革命〉にむけて』昭和堂、二〇一三年
米津江里「近世書物にみる胎児観――女性用書物を中心に」東アジア恠異学会編『怪異学の技法』臨川書店、二〇〇三年

Burns, Susan. "When abortion became a crime: abortion, infanticide, and the law in early Meiji Japan." in *History and folklore studies in Japan*, eds. David L. Howell and James C. Baxter, International Research Center for Japanese Studies, 2006.
Dolce, Lucia. "The Embryonic Generation of the Perfect Body: Ritual Embryology from Japanese Tantric Sources." in *Transforming the Void: Embryological Discourse and Reproductive Imagery in East Asian Religions*, eds. Anna Andreeva and Dominic Steavu, Brill, 2016.
Kritzer, Robert. "Life in the Womb: Conception and Gestation in Buddhist Scripture and Classical Indian Medical Literature." in *Imagining the fetus: the unborn in myth, religion, and culture*, eds. Vanessa R. Sasson and Jane Marie Law, Oxford University Press, 2009.

Smellie, William. *A sett of anatomical tables, with explanations, and an abridgment, of the practice of midwifery; with a view to illustrate a treatise on that subject, and collection of cases*. London, 1754.

第七章の内容の一部は左記の場にて発表する機会を得たので列挙しておく。

JAWS（Japan Anthropology Workshop　日本人類学ワークショップ）にて発表（二〇一九年四月一五日）「身体と儀礼」のパネル発表 "Transformation of fetal images from pre-modern to contemporary Japan; towards a multicultural understanding of the history of bodily images Japan," Anthropology Workshop 2019, Aarhus, Denmark.

University of London（ロンドン大学 SOAS）JRC セミナー講演会（二〇一九年四月二四日）"Visualizing the Fetus in Pre-modern and Modern Japan: Reading Illustrated Manuals, Magazines and Guidebooks for Pregnant." Women Lecture at the Japan Research Centre and SOAS Centre for Translation Studies.

チェコ科学アカデミーシンポジウム Crossing Borders: Past and Future of Japanese Studies in the Global Age,（二〇一九年一〇月一一日）"The Transformation of Fetus Perspectives in Japan: Considering Perinatal Grief Care," Oriental Institute of the Czech Academy of Sciences.

北京大学科学技術・医学史学院シンポジウム「医の世界における明清細工と江戸風物の邂逅」Medical Fine Art in Ming-Qing and Edo, 17-19 Century.（二〇一九年一一月四日）"Visualizing the Fetus in Pre-modern and Modern Japan: Reading Illustrated Manuals, Magazines and Guidebooks for Pregnant Women."

コロンビア大学東アジア文化言語学部講演会「日本における聖なるもの、差別、そして死者の

霊」（二〇一九年一二月五日）"Imagining the Spirit of a Deceased Pregnant Woman: Towards a Transcultural study of the Spiritual World." East Asian Languages and Cultures, Columbia University.
米国ラファイエット大学人類学・社会学・歴史学・女性／ジェンダー／セクシャリティ・アジア研究講演会（二〇二〇年二月一七日）"Understanding of Childbirth and the Woman's Body." Lecture of the departments of Anthropology and Sociology, History, Women's, Gender and Sexuality Studies and the Asian Studies Program, Lafayette College.
オーストラリア、ニューサウスウェールズ州立美術館講演会（二〇二〇年三月四日）"Becoming *Yokai*; Images and folktales of *ubume*." Public lecture for Art Gallery of NSW.

## 終章

小松和彦「コメント 怪異・妖怪の東西——比較妖怪学に向けて」天理大学考古学・民俗学研究室編『モノと図像から探る怪異・妖怪の東西』勉誠出版、二〇一七年
小松和彦「比較妖怪学の可能性」山中由里子編、国立民族学博物館監修『驚異と怪異——想像界の生きものたち』河出書房新社、二〇一九年
スピヴァク、ガヤトリ・C（上村忠男訳）『サバルタンは語ることができるか』みすず書房、一九九八年
関泰子「タイにおける妖怪と神——クマーン・トーン」小松和彦編『進化する妖怪文化研究』せりか書房、二〇一七年

田中雅一・嶺崎寛子編「序 ジェンダー暴力とは何か?」『ジェンダー暴力の文化人類学——家族・国家・ディアスポラ社会』昭和堂、二〇二一年
徳田和夫編『東の妖怪・西のモンスター——想像力の文化比較』勉誠出版、二〇一八年
山中由里子編、国立民族学博物館監修『驚異と怪異——想像界の生きものたち』河出書房新社、二〇一九年
Yasui, Manami. "Imagining the Spirits of Deceased Pregnant Women: An Analysis of Illustrations of Ubume in Early Modern Japan", *Japan review*: Joaunal of the International Research Center for Japanese Studies 35, March 2021, pp.91-112.

## か



## き



## く



## け



## こ



## さ



## し

# 人名索引

## あ



## い



## う



## え



## お

## り



## る



## れ



## ろ



## わ

## み



## む



## め



## も



## や



## ゆ



## よ



## ら

## ふ



## へ



## ほ



## ま

## す

# 事項索引